Puke/Lohel/Mönkediek

Klausurentraining für Steuerfachangestellte
Zwischenprüfung

Online-Version inklusive!

Stellen Sie dieses Buch jetzt in Ihre „digitale Bibliothek“ in der NWB Datenbank und nutzen Sie Ihre Vorteile:

- Ob am Arbeitsplatz, zu Hause oder unterwegs: Die Online-Version dieses Buches können Sie jederzeit und überall da nutzen, wo Sie Zugang zu einem mit dem Internet verbundenen PC haben.
- Die praktischen Recherchefunktionen der NWB Datenbank erleichtern Ihnen die gezielte Suche nach bestimmten Inhalten und Fragestellungen.
- Die Anlage Ihrer persönlichen „digitalen Bibliothek“ und deren Nutzung in der NWB Datenbank online ist kostenlos. Sie müssen dazu nicht Abonnent der Datenbank sein.

Ihr Freischaltcode:

CFAYOXKOTTOYUBMDZTSNDU

Puke/L./M.,Klausurentraining f.Steuerfachangest.-Zwischenpr.

So einfach geht's:

1. Rufen Sie im Internet die Seite **www.nwb.de/go/online-buch** auf.
2. Geben Sie Ihren Freischaltcode in Großbuchstaben ein und folgen Sie dem Anmeldedialog.
3. Fertig!

Alternativ können Sie auch den Barcode direkt mit der **NWB Mobile** App einscannen und so Ihr Produkt freischalten! Die NWB Mobile App gibt es für iOS, Android und Windows Phone!

Die NWB Datenbank – alle digitalen Inhalte aus unserem Verlagsprogramm in einem System.

www.nwb.de

Klausurentraining für Steuerfachangestellte

Zwischenprüfung 2015

Von
Dipl.-Finanzwirt (FH) Steuerberater Michael Puke
Dipl.-Kfm. Jens Lohel
Dipl.-Kfm. Dipl.-Finanzwirt (FH) Peter Mönkediek

12., überarbeitete Auflage

nwb AUSBILDUNG

Empfohlen vom **Studienwerk der Steuerberater in Nordrhein-Westfalen e. V.**
Hüfferstraße 73–75
48149 Münster
Internet: www.studienwerk.de

ISBN 978-3-482-**65082**-6 – 12., überarbeitete Auflage 2015

Satz: Griebsch & Rochol Druck GmbH & Co. KG, Hamm
Druck: Stückle Druck und Verlag, Ettenheim

VORWORT

Im Laufe Ihrer Ausbildung zum/zur Steuerfachangestellten haben Sie bereits eine Menge über Theorie und Praxis im steuerberatenden Beruf erfahren. Sowohl in der Berufsschule als auch in der Ausbildungskanzlei fehlt es erfahrungsgemäß allerdings häufig an der notwendigen Zeit, das Erlernte an Übungs- und Klausurfällen anzuwenden und somit für den Ernstfall, die Prüfungssituation, zu trainieren.

Mit dem vorliegenden Titel, „Klausurentraining für Steuerfachangestellte“ möchten wir Ihnen helfen, diese Lücke zu schließen. Anhand von insgesamt sieben Prüfungsaufgaben haben Sie Gelegenheit,

- Ihr Fachwissen auf die Probe zu stellen, mögliche Lücken zu erkennen und bis zur Zwischenprüfung zu schließen und
- durch Einhaltung einer Bearbeitungszeit von jeweils 180 Minuten je Klausur und Verwendung ausschließlich auch in der Prüfung zugelassener Hilfsmittel (Gesetzestexte, Taschenrechner), die Prüfungssituation zu simulieren und dadurch Prüfungsangst und Prüfungsstress zu vermeiden.

Zweck der Zwischenprüfung ist es, Ihren Ausbildungsstand zu ermitteln. Das Ergebnis der Zwischenprüfung ermöglicht Ihnen und natürlich auch Ihrem Ausbilder, sich einen Eindruck über den bisherigen Verlauf der Ausbildung zu machen. Sie eröffnet Ihnen damit die Möglichkeit, notwendige Weichenstellungen im Ausbildungsverlauf rechtzeitig vor der Abschlussprüfung vorzunehmen.

Für viele Auszubildende ist ein gutes oder sehr gutes Ergebnis in der Zwischenprüfung Anlass, über eine Verkürzung der dreijährigen Ausbildungszeit nachzudenken (vgl. § 45 Berufsbildungsgesetz).

Die Zwischenprüfung findet regelmäßig im zweiten Ausbildungsjahr statt. Sie erstreckt sich auf folgende Prüfungsfächer:

1. Steuerwesen,
2. Rechnungswesen,
3. Wirtschafts- und Sozialkunde.

Die vorliegenden Aufgaben orientieren sich in Zusammensetzung und Schwierigkeitsgrad an den Anforderungen in Nordrhein-Westfalen.

Bitte beachten Sie die Benutzerhinweise auf Seite 7 dieses Buches.

Wir hoffen sehr, dass dieses Buch die Vorbereitung auf Ihre Zwischenprüfung erleichtert und wünschen Ihnen dabei den verdienten Erfolg.

Das Buch wurde sorgfältig bearbeitet. Eine Gewähr für die Inhalte kann jedoch nicht übernommen werden. Für Hinweise und Anregungen sind wir dankbar.

Münster, im Februar 2015 *Verfasser und Verlag*

Aufgaben und Lösungen dieser Ausgabe entsprechen dem Rechtsstand des Jahres 2014. Sie eignen sich daher vornehmlich zur Vorbereitung auf die ***Zwischenprüfung 2015.***

Kein Produkt ist so gut, dass es nicht noch verbessert werden könnte. Ihre Meinung ist uns wichtig! Was gefällt Ihnen gut? Was können wir in Ihren Augen noch verbessern? Bitte verwenden Sie für Ihr Feedback einfach unser Online-Formular auf:

www.nwb.de/go/campus

Als kleines Dankeschön verlosen wir unter allen Teilnehmern einmal pro Quartal ein Buchgeschenk.

INHALTSVERZEICHNIS

Klausur 4

Aufgaben

Lösungen

Klausur 5

Aufgaben

Lösungen

Klausur 6

Aufgaben

Lösungen

Klausur 7

Aufgaben

Lösungen

HINWEISE FÜR DEN BENUTZER

Dieses Buch soll Sie in dreierlei Hinsicht in Ihrer Vorbereitung auf die Zwischenprüfung unterstützen:

1. Die Aufgaben orientieren sich in Zusammensetzung, Aufbau und Schwierigkeitsgrad an den Prüfungsanforderungen in Nordrhein-Westfalen. Damit gewinnen Sie einen möglichst realistischen Eindruck von dem, was Sie in Ihrer Zwischenprüfung erwartet.

2. Durch Bearbeitung der Aufgaben und *anschließender* Kontrolle durch Vergleich mit den Lösungshinweisen erweitern Sie Ihr Fachwissen und stellen fest, in welchen Themengebieten Sie noch unsicher sind.

3. Die Bearbeitung der Aufgaben unter Prüfungsbedingungen, also

   - abschließende Bearbeitung der Prüfungsaufgabe insgesamt, vor Vergleich Ihrer Lösung mit den Lösungshinweisen,
   - Einhaltung der Bearbeitungszeit von 180 Minuten je Klausur,
   - Verwendung ausschließlich der auch in der Zwischenprüfung zugelassenen Hilfsmittel (Gesetzestexte, nicht programmierbarer Taschenrechner),

   ermöglicht es Ihnen, eine gewisse Routine bei der Bearbeitung von Prüfungsaufgaben zu erlangen. Sie lernen, Ihr Wissen anhand klausurtypischer Fälle anzuwenden und die zur Verfügung stehende Zeit richtig einzuteilen. Auf diese Weise verlieren Sie Prüfungsangst und vermeiden Prüfungsstress.

Die Lösungshinweise sollen einen Eindruck von dem vermitteln, was bei der Zwischenprüfung als Antwort von Ihnen erwartet wird. Gelegentlich finden Sie darüber hinaus *„ergänzende Hinweise“*, die dem Verständnis dienen und eine Nachbereitung der Prüfungsinhalte erleichtern sollen. Diese sind allerdings nicht Bestandteil der von Ihnen erwarteten Lösung.

Der Auspunktung können Sie entnehmen, welche Gewichtung einzelnen Zitaten und Lösungsteilen zukommt. Die Vergabe der Punkte kann Ihnen zudem eine Hilfe bei der *Einteilung Ihrer Bearbeitungszeit* sein. In einer Klausur können 100 Punkte erreicht werden. Bei einer Bearbeitungszeit von 180 Minuten stehen Ihnen demnach 1,8 Minuten pro Punkt zur Verfügung. Für eine Aufgabe, in der Sie z. B. 10 Punkte erzielen können, sollten Sie daher nicht mehr als 18 Minuten verwenden.

Hinsichtlich der Bewertung Ihrer Arbeitsergebnisse ist folgendes Punkte- und Notenschema anzuwenden:

§ 20 der Prüfungsordnung: Punkte- und Notenschema

(1) Für die Prüfungsfächer und das Gesamtergebnis gelten folgende Punkte und Noten:

Punkte	*Noten*	
100-92	sehr gut (1)	eine den Anforderungen in besonderem Maße entsprechende Leistung
91-81	gut (2)	eine den Anforderungen voll entsprechende Leistung
80-67	befriedigend (3)	eine den Anforderungen im Allgemeinen entsprechende Leistung
66-50	ausreichend (4)	eine Leistung, die zwar Mängel aufweist, aber im Ganzen den Anforderungen entspricht
49-30	mangelhaft (5)	eine Leistung, die den Anforderungen nicht entspricht, jedoch erkennen lässt, dass die notwendigen Grundkenntnisse vorhanden sind
29-0	ungenügend (6)	eine Leistung, die den Anforderungen nicht entspricht und bei der selbst die Grundkenntnisse lückenhaft sind

(2) Die Prüfungsleistungen sind mit ganzen Punkten zu bewerten. Dezimalstellen sind ab 0,5 aufzurunden.

(3) Den Noten entsprechen folgende Prädikate:

Noten	*Prädikate*
sehr gut	„sehr gut bestanden“
gut	„gut bestanden“
befriedigend	„befriedigend bestanden“
ausreichend	„bestanden“

Aufgaben und Lösungen dieser Ausgabe entsprechen dem Rechtsstand des Jahres 2014. Sie eignen sich daher vornehmlich zur Vorbereitung auf die ***Zwischenprüfung 2015.***

LITERATURHINWEISE

Puke/Lohel/Mönkediek/Walkenhorst, Fälle- und Fragenkatalog für die Steuerfachangestelltenprüfung, 32. Auflage, NWB-Verlag, Herne 2014.

Puke/Lohel/Mönkediek, Klausurentraining für Steuerfachangestellte – Abschlussprüfung, 13. Auflage, NWB-Verlag, Herne 2015.

Kliewer/Zschenderlei, Die Prüfung der Steuerfachangestellten, 33. Auflage, Kiehl, Herne 2015.

Schweizer, Steuerlehre, 16. Auflage, Kiehl, Herne 2014.

Schweizer, Steuerlehre Lösungsheft, 16. Auflage, Kiehl, Herne 2014.

Puke, Lexikon für Steuerfachangestellte, 16. Auflage, Kiehl, Herne 2014.

Klausur 1: Aufgaben

I. Wirtschafts- und Sozialkunde (18,0 Punkte)

1. Aufgabe (4,0 Punkte)

Andreas Förster hat einen 3-jährigen Berufsausbildungsvertrag mit dem Steuerberater und Wirtschaftsprüfer Borgmann abgeschlossen, der lt. Vertrag am 31. 7. 2014 endet. Am 16. 6. 2014 besteht er seine Prüfung zum Steuerfachangestellten. Er soll weiterhin im Betrieb beschäftigt werden und ab 1. 8. 2014 ein entsprechendes Angestelltengehalt bekommen.

AUFGABEN:

a) Wann endet das Ausbildungsverhältnis und ab wann beginnt das Angestelltenverhältnis mit Anspruch auf Gehalt?

b) Wann muss Andreas Förster (23 Jahre alt) spätestens kündigen, wenn er zum 31. 7. 2014 die Praxis verlassen will?

c) Welche Formvorschriften sind zu beachten?

Auszug aus dem Kalender 2014:

Mai 2014							
KW	MO	DI	MI	DO	FR	SA	SO
18				1	2	3	**4**
19	5	6	7	8	9	10	**11**
20	12	13	14	15	16	17	**18**
21	19	20	21	22	23	24	**25**
22	26	27	28	29	30	31	

Juni 2014							
KW	MO	DI	MI	DO	FR	SA	SO
22							**1**
23	2	3	4	5	6	7	**8**
24	9	10	11	12	13	14	**15**
25	16	17	18	19	20	21	**22**
26	23	24	25	26	27	28	**29**
27	30						

Juli 2014							
KW	MO	DI	MI	DO	FR	SA	SO
27		1	2	3	4	5	**6**
28	7	8	9	10	11	12	**13**
29	14	15	16	17	18	19	**20**
30	21	22	23	24	25	26	**27**
31	28	29	30	31			

August 2014							
KW	MO	DI	MI	DO	FR	SA	SO
31					1	2	**3**
32	4	5	6	7	8	9	**10**
33	11	12	13	14	15	16	**17**
34	18	19	20	21	22	23	**24**
35	25	26	27	28	29	30	31

2. Aufgabe (3,0 Punkte)

Brigitte Simon ist bei der Firma Hülsmeier & Gerdes als Sekretärin tätig. Wegen einer Erkrankung ist sie voraussichtlich neun Wochen arbeitsunfähig.

AUFGABE:

Welche Bezüge erhält sie während dieser Zeit und wer ist jeweils für welchen Zeitraum zahlungspflichtig?

3. Aufgabe (3,0 Punkte)

Stellen Sie in den nachfolgenden Fällen fest, um welche Vertragsarten es sich handelt:

a) Veräußerung von Sachen und Rechten gegen Entgelt.

b) Überlassung von Sachen zum Gebrauch gegen Entgelt.

c) Herstellung eines Werks gegen Entgelt, wobei der Hersteller das Material liefert.

d) Herstellung eines Werks gegen Entgelt, wobei der Auftraggeber das Material liefert.

e) Überlassung von Sachen zum Gebrauch und Fruchtgenuss gegen Entgelt.

f) Onkel Fritz leiht seinem Neffen Reiner 2 000 €, die dieser ratenweise zurück zahlt. Die Zahlung von Zinsen ist nicht vereinbart.

4. Aufgabe (3,0 Punkte)

Die Firma Wöstmann liefert am 9.12.2014 dem Bauherrn Schindler 60 lfd. Meter Dachrinnen aus Kupfer. Die Dachrinnen werden von Herrn Schindler umgehend am Hausdach montiert.

Nach 14 Tagen erhält Herr Schindler die Rechnung des Lieferanten, auf der folgender Vermerk steht:
„Die Ware bleibt bis zur vollständigen Bezahlung unser Eigentum."

AUFGABEN:

a) Welchen rechtlichen Zweck hat diese Vertragsklausel?

b) Welche rechtliche Wirkung hat diese Vertragsklausel nach dem Einbau der Dachrinnen? Begründen Sie Ihre Auffassung.

5. Aufgabe (5,0 Punkte)

Fall 1:

Ulrich Meingold hat von einem Bekannten einen Gebrauchtwagen gekauft, der angeblich unfallfrei sein soll. Bei der nächsten Inspektion fällt auf, dass der Wagen einen Unfallschaden hatte, der zudem noch unsachgemäß repariert wurde.

Fall 2:

Gerd Gönner hat erheblich finanzielle Probleme. Seine Bank möchte ihm aber keine weiteren Kredite gewähren. Somit entschließt er sich zur Kreditaufnahme bei der HGV Finanzhilfe GmbH, die eine Anzeige in der Wochenendzeitung geschaltet hat. Die Kreditkosten betragen inkl. aller Nebenkosten und Gebühren 29 % der Darlehenssumme pro Jahr.

AUFGABEN:

a) Prüfen Sie, ob in den vorliegenden Fällen ein rechtsgültiger Vertrag geschlossen wurde.

b) Stellen Sie fest und begründen Sie jeweils, ob eine Anfechtung möglich bzw. erforderlich ist.

II. Rechnungswesen (36,0 Punkte)

Die Mandantin Ursula Reichwein führt ein Feinkostgeschäft in Dortmund. Die Firma ist im Handelsregister eingetragen. Ihren Gewinn ermittelt sie nach § 4 Abs. 1 i.V. mit § 5 EStG. Das Wirtschaftsjahr entspricht dem Kalenderjahr. Sie versteuert ihre Umsätze nach den allgemeinen Vorschriften des UStG. Sie ist zum vollen Vorsteuerabzug berechtigt. Für das Wirtschaftsjahr 2014 möchte Ursula Reichwein einen möglichst niedrigen steuerlichen Gewinn ausweisen. Abschreibungsbeträge sind auf volle Euro aufzurunden. Alle erforderlichen Belege liegen vor. Die Rechnungen sind ordnungsgemäß i. S. des § 14 UStG.

HINWEIS:

Die Umsätze werden nach den allgemeinen Vorschriften des UStG nach dem Soll versteuert. Voranmeldungszeitraum ist der Kalendermonat.

1. Aufgabe (3,5 Punkte)

Da sich in ihrem Arbeitszimmer und im Keller die Geschäftsunterlagen aus den Vorjahren häufen, fragt Frau Reichwein bei Ihnen an, wie lange folgende Unterlagen aufbewahrt werden müssen:

	Jahre
1. Kassenberichte	
2. Kontoauszüge der Bankkonten	
3. Kassenbelege	
4. Erhaltene Werbesendungen	
5. Eingangsrechnungen	
6. Jahresabschlüsse	
7. Durchschriften der Ausgangsrechnungen	

2. Aufgabe (4,0 Punkte)

Frau Reichwein hat im Februar 2014 von der Firma Barilla aus Turin (Italien) original italienische Teigwaren (Kapitel 19 des Zolltarifs) erworben. Der Rechnungsbetrag lt. Rechnung vom 28. 2. 2014 betrug 850 €. Beide Firmen verwendeten bei Bestellung bzw. bei Rechnungserteilung ihre UStId-Nr. Die Rechnung enthält einen Hinweis auf die Steuerfreiheit der Lieferung.

AUFGABEN:

a) Buchen Sie die Anschaffung der Ware.

b) Die Rechnung wurde am 5. 3. 2014 vereinbarungsgemäß unter Abzug von 2 % Skonto durch Banküberweisung beglichen. Buchen Sie den Zahlungsvorgang.

3. Aufgabe (2,0 Punkte)

Die Firma Reichwein erhielt von der Firma De Jong aus Venlo (Niederlande) eine Bestellung über 250 Flaschen Moselwein. Dabei wurde die niederländische UStId-Nr. angegeben.

Die Firma Reichwein führte die Lieferung am 29. 3. 2014 durch einen Paketdienst aus, berechnete 1 550 € und gewährte 2 % Skonto bei Bezahlung innerhalb von zehn Tagen.

AUFGABEN:

a) Buchen Sie den Verkauf der Ware.

b) Die Zahlung über 1 519 € ging am 4. 4. 2014 auf dem betrieblichen Bankkonto ein. Buchen Sie den Zahlungseingang.

4. Aufgabe (8,0 Punkte)

Beurteilen Sie, wie sich **die Buchung** der folgenden Geschäftsvorfälle bei der Firma Reichwein auf die **Bilanzsumme** auswirken. Kreuzen Sie die Auswirkung an und geben Sie die Höhe des Betrags an.

a) Frau Reichwein hat eine moderne Ladeneinrichtung für 38 400 € zzgl. 7 296 € USt auf Rechnung erworben.

Bilanzsumme:		€
	unverändert	
	erhöht sich um	
	mindert sich um	

b) Bei der Banküberweisung zieht sie vom Rechnungsbetrag (Aufgabe a) vereinbarungsgemäß 3 % Skonto ab. Das betriebliche Bankkonto der Firma weist einen Schuldsaldo aus.

Bilanzsumme:		€
	unverändert	
	erhöht sich um	
	mindert sich um	

c) Die Firma Reichwein verkauft einen Präsentkorb (Hummer, Austern, alkoholische Getränke) an den Steuerberater Gerber für 350 € zzgl. 19 % USt gegen Rechnung.

Bilanzsumme:		€
	unverändert	
	erhöht sich um	
	mindert sich um	

d) Auf dem betrieblichen Bankkonto gehen 408,17 € ein. Steuerberater Gerber hat seine Rechnung nach Abzug von 2 % Skonto beglichen. Das Bankkonto weist zur Zeit der Zahlung einen Guthabensaldo aus.

Bilanzsumme:		€
	unverändert	
	erhöht sich um	
	mindert sich um	

5. Aufgabe (9,0 Punkte)

Untersuchen Sie, welche Erfolgsauswirkung sich in der Handels- und Steuerbilanz für 2014 aus den Buchungssätzen bei der Buchung der folgenden Geschäftsvorfälle für die Firma Reichwein ergibt.

Geschäftsvorfall		Gewinn		€
		+	./.	
a)	Frau Reichwein bezahlt eine bereits gebuchte Warenrechnung unter Inanspruchnahme von 2 % Skonto. Der Überweisungsbetrag beläuft sich auf 2 099,16 €.			
b)	Sie überweist die Miete für Mai für gemietete Geschäftsräume über 1 500 € zzgl. 19 % USt und 600 € für privat genutzte Räume.			
c)	Sie bezahlt den Kaufpreis für ein erworbenes Betriebsgrundstück i. H. von 217 000 €.			
d)	Die Notarrechnung über die Beurkundung des Kaufvertrags i. H. von 1 220 € zzgl. 19 % USt geht ein und soll erst später beglichen werden.			
e)	Die Kosten der Reparatur der Kühltheke betragen 297,50 € einschl. 19 % gesondert ausgewiesener USt. Der Betrag wird sofort bar bezahlt.			
f)	Die Gewerbesteuernachzahlung für 2013 über 800 € wurde überwiesen. Zum 31. 12. 2013 waren 650 € zurückgestellt worden.			

6. Aufgabe (6,0 Punkte)

Für den Betrieb von Frau Reichwein wurden zum 31. 12. 2013 und zum 31. 12. 2014 folgende Bestände festgestellt:

	31. 12. 2013	31. 12. 2014
Betriebs- und Geschäftsausstattung	32 000 €	28 000 €
Fahrzeuge	58 250 €	40 775 €
Warenbestand	18 430 €	22 440 €
Forderungen aus LuL	540 €	422 €
Geldkonten (Bank, Kasse)	1 256 €	2 045 €
Darlehensverbindlichkeiten	56 434 €	48 888 €
Verbindl. aus LuL	8 430 €	6 780 €
Umsatzsteuer-Schuld	780 €	558 €
Rückstellungen	420 €	650 €

In 2014 haben die Entnahmen 44 560 € und die Einlagen 9 900 € betragen.

AUFGABE:

Ermitteln Sie in einer übersichtlichen Darstellung den Gewinn aus Gewerbebetrieb durch Betriebsvermögensvergleich für das Jahr 2014.

7. Aufgabe (3,5 Punkte)

Frau Reichwein hat ihre Umsatzsteuervorauszahlung für den Monat Mai 2014 und ihre Einkommensteuervorauszahlung für das 2. Quartal 2014 irrtümlich nicht geleistet. Das zuständige Finanzamt schickt ihr eine Mahnung über die noch ausstehende

- Umsatzsteuerzahllast 5/2014 — 1 260,00 €
- Einkommensteuervorauszahlung II/2014 — 2 000,00 €

und berechnet Säumniszuschläge für

- Umsatzsteuer — 12,50 €
- Einkommensteuer — 20,00 €

AUFGABE:

Buchen Sie die Überweisung des Gesamtbetrags vom betrieblichen Bankkonto.

III. Steuerwesen (46,0 Punkte)

1. Aufgabe (3,0 Punkte)

Hans Dampf erhält den ESt-Bescheid 2014 am Dienstag, den 2. 6. 2015. Der Bescheid trägt das Datum vom 1. 6. 2015.

AUFGABE:

Bitte prüfen Sie, bis wann Herr Dampf gegen den ESt-Bescheid 2014 Einspruch einlegen kann. Begründen Sie Ihre Lösung durch eine übersichtliche Fristenberechnung unter Einbeziehung der vorgegebenen Daten.

Auszug aus dem Kalender 2015

	Mai	Juni	Juli	August
Mo	4 11 18 **25**	1 8 15 22 29	6 13 20 27	3 10 17 24 31
Di	5 12 19 26	2 9 16 23 30	7 14 21 28	4 11 18 25
Mi	6 13 20 27	3 10 17 24	1 8 15 22 29	5 12 19 26
Do	7 **14** 21 28	**4** 11 18 25	2 9 16 23 30	6 13 20 27
Fr	**1** 8 15 22 29	5 12 19 26	3 10 17 24 31	7 14 21 28
Sa	2 9 16 23 30	6 13 20 27	4 11 18 25	1 8 15 22 29
So	3 10 17 24 31	7 14 21 28	5 12 19 26	2 9 16 23 30

Maifeiertag 1. Mai, Christi Himmelfahrt 14. Mai, Pfingstmontag 25. Mai, Fronleichnam 4. Juni

2. Aufgabe (4,0 Punkte)

Welche Behörde/n ist/sind für die Verwaltung folgender Steuern sachlich zuständig?

a) Umsatzsteuer

b) Gewerbesteuer

c) Körperschaftsteuer

d) Grundsteuer

e) Mineralölsteuer

f) Stromsteuer

3. Aufgabe (4,0 Punkte)

Leo Landsmann ist mit Linda verheiratet, beide wohnen in Enschede (Niederlande). Leo fuhr in 2014 täglich mit der Bahn nach Münster, denn er ist als Arbeitnehmer beim Landschaftsverband Westfalen-Lippe tätig. Sein Jahresgehalt betrug 2014 laut Lohnsteuerbescheinigung 42 620 €.

Seine Frau Linda ist gelegentlich im Krankenhaus Enschede als Krankenschwester tätig. Mit Urlaubs- und Krankheitsvertretung hat sie 2014 umgerechnet 4 240 € verdient (Bescheinigung der niederländischen Finanzbehörde liegt vor).

Die Eheleute bitten Sie, einen Antrag auf unbeschränkte Steuerpflicht gem. § 1 Abs. 3 EStG zu stellen. Prüfen Sie, ob die Voraussetzungen dafür gegeben sind.

4. Aufgabe (5,0 Punkte)

Sie erstellen die Einkommensteuererklärung 2014 für den Mandanten Helmut Hillmann. Folgende Angaben ergeben sich aus den vorliegenden Unterlagen:

Arbeitslohn 2014	37 250 €
zzgl. Kindergartenzuschuss des Arbeitgebers	465 €
geldwerter Vorteil aus Personalrabatt 2014 insgesamt	1 005 €
Zuwendung anlässlich 10-jährigem Arbeitnehmerjubiläum	300 €
Reisekostenerstattung (54 Tage, Abwesenheit > 8 Std.)	648 €

Eine Pauschalversteuerung wurde 2014 nicht durchgeführt. Bitte ermitteln Sie den Betrag, der in das Feld „Bruttoarbeitslohn" der Zeile 6 der Anlage N für 2014 einzutragen ist. Nichtansätze bitte begründen! Berechnungen und gesetzliche Grundlagen sind anzugeben.

2014

Zeile		
1	Name	**Anlage N**
2	Vorname	**Jeder Ehegatte / Lebenspartner mit Einkünften aus nichtselbständiger Arbeit hat eine eigene Anlage N abzugeben.**
3	**Steuernummer**	stpfl. Person / Ehemann / Lebenspartner(in) A
4	eTIN lt. Lohnsteuerbescheinigung(en), sofern vorhanden; eTIN lt. weiterer Lohnsteuerbescheinigung(en), sofern vorhanden	Ehefrau / Lebenspartner(in) B

Einkünfte aus nichtselbständiger Arbeit

4

Angaben zum Arbeitslohn

Zeile		Kz	Lohnsteuerbescheinigung(en) Steuerklasse 1 – 5	Kz	Lohnsteuerbescheinigung(en) Steuerklasse 6 oder einer Urlaubskasse
5	**Steuerklasse**	168			
			EUR / Ct		EUR / Ct
6	Bruttoarbeitslohn	110	, —	111	, —
7	Lohnsteuer	140		141	
8	Solidaritätszuschlag	150		151	
9	Kirchensteuer des Arbeitnehmers	142		143	
10	**Nur bei konfessionsverschiedener Ehe:** Kirchensteuer für den Ehegatten	144		145	

Zeile		Kz	1. Versorgungsbezug	Kz	2. Versorgungsbezug
11	**Steuerbegünstigte Versorgungsbezüge** (in Zeile 6 enthalten)	200	, —	210	, —
12	Bemessungsgrundlage für den Versorgungsfreibetrag lt. Nr. 29 der Lohnsteuerbescheinigung	201	, —	211	, —
13	Maßgebendes Kalenderjahr des Versorgungsbeginns lt. Nr. 30 der Lohnsteuerbescheinigung	206		216	
14	Bei unterjähriger Zahlung: Erster und letzter Monat, für den Versorgungsbezüge gezahlt wurden, lt. Nr. 31 der Lohnsteuerbescheinigung	202	Monat – 203 Monat	212	Monat – 213 Monat
15	Sterbegeld, Kapitalauszahlungen / Abfindungen und Nachzahlungen von Versorgungsbezügen lt. Nr. 32 der Lohnsteuerbescheinigung (in den Zeilen 6 und 11 enthalten)	204	, —	214	, —
16	Ermäßigt zu besteuernde Versorgungsbezüge für mehrere Jahre lt. Nr. 9 der Lohnsteuerbescheinigung	205	, —	215	, —
17	**Entschädigungen** (Bitte Vertragsunterlagen einreichen) / **Arbeitslohn für mehrere Jahre**			166	, —
18	Steuerabzugsbeträge zu den Zeilen 16 und 17 – Lohnsteuer	146		152	Solidaritätszuschlag
19	Kirchensteuer Arbeitnehmer	148		149	Kirchensteuer Ehegatte
20	Steuerpflichtiger Arbeitslohn, von dem kein Steuerabzug vorgenommen worden ist (soweit nicht in der Lohnsteuerbescheinigung enthalten)			115	, —
21	Steuerfreier Arbeitslohn nach Doppelbesteuerungsabkommen / sonstigen zwischenstaatlichen Übereinkommen (Übertrag aus den Zeilen 52, 70 und / oder 81 der ersten **Anlage N-AUS**)			139	, —
22	Steuerfreier Arbeitslohn nach Auslandstätigkeitserlass (Übertrag aus Zeile 66 der ersten **Anlage N-AUS**)			136	, —
23	Steuerfreie Einkünfte (Besondere Lohnbestandteile) nach Doppelbesteuerungsabkommen / sonstigen zwischenstaatlichen Übereinkommen / Auslandstätigkeitserlass (Übertrag aus Zeile 80 der ersten **Anlage N-AUS**)			178	, —
24	Beigefügte **Anlage(n) N-AUS**				Anzahl
25	Grenzgänger nach (Beschäftigungsland)	116	Arbeitslohn in ausländischer Währung , —	135	Schweizerische Abzugsteuer in SFr
26	Steuerfrei erhaltene Aufwandsentschädigungen / Einnahmen – aus der Tätigkeit als			118	EUR , —
27	**Kurzarbeitergeld, Zuschuss zum Mutterschaftsgeld, Verdienstausfallentschädigung nach dem Infektionsschutzgesetz, Aufstockungsbeträge nach dem Altersteilzeitgesetz, Altersteilzeitzuschläge nach Besoldungsgesetzen (lt. Nr. 15 der Lohnsteuerbescheinigung)**			119	, —
28	**Insolvenzgeld**			121	, —
29	**Andere Lohn- / Entgeltersatzleistungen** (z. B. Arbeitslosengeld, Elterngeld, Krankengeld, Mutterschaftsgeld und vergleichbare Leistungen aus einem EU- / EWR-Staat oder der Schweiz)			120	, —
30	Angaben über Zeiten und Gründe der Nichtbeschäftigung (Bitte Nachweise einreichen)				

2014AnlN031 2014AnlN031

5. Aufgabe (8,0 Punkte)

Bernd Brinkmann (Rohrweg 2, 48167 Münster) führt einen kleinen Meisterbetrieb für Heizungs- und Sanitärinstallationen. Er beschäftigt einen Gesellen, Fritz Fleißig (Lohnsteuerklasse I/0, rk).

Bitte erstellen Sie die Lohnabrechnung Dezember 2014 und füllen Sie die Lohnsteuer-Anmeldung für Dezember 2014 unter Berücksichtigung folgender Angaben aus:

Bruttogehalt	2 150,00 €
ausgezahltes Weihnachtsgeld	1 075,00 €
Spesen (12 Tage, Abwesenheit > 8 Stunden)	144,00 €
Lohnsteuer I/0	518,25 €
Kirchensteuer (rk.)	9 %
Solidaritätszuschlag	5,5 %
Sozialversicherung insgesamt	39,7 %
Arbeitnehmer-Anteil Sozialversicherung	20,43 %
Zuständiges Finanzamt	Münster-Außenstadt Postfach 61 29, 48136 Münster
Steuernummer	336/5021/2123

- Bitte weiße Felder ausfüllen oder ☒ ankreuzen und Hinweise auf der Rückseite beachten -

Fallart	Steuernummer	Unterfallart
11		62

2014

30 Eingangsstempel oder -datum

Finanzamt

Arbeitgeber - Anschrift der Betriebsstätte - Telefonnummer - E-Mail

Lohnsteuer-Anmeldung 2014

Anmeldungszeitraum

bei **monatlicher** Abgabe bitte ankreuzen

14 01	Jan.		14 07	Juli	
14 02	Feb.		14 08	Aug.	
14 03	März		14 09	Sept.	
14 04	April		14 10	Okt.	
14 05	Mai		14 11	Nov.	
14 06	Juni		14 12	Dez.	

bei **vierteljährlicher** Abgabe bitte ankreuzen

14 41	I. Kalendervierteljahr	
14 42	II. Kalendervierteljahr	
14 43	III. Kalendervierteljahr	
14 44	IV. Kalendervierteljahr	

bei jährlicher Abgabe bitte ankreuzen

14 19	Kalenderjahr	

Berichtigte Anmeldung (falls ja, bitte eine „1" eintragen)........	10	
Zahl der Arbeitnehmer (einschl. Aushilfs- und Teilzeitkräfte)...............	86	

		EUR	Ct
Summe der einzubehaltenden Lohnsteuer 1) 2)	42		
Summe der pauschalen Lohnsteuer - ohne § 37b EStG - 1)	41		
Summe der pauschalen Lohnsteuer nach § 37b EStG 1)	44		
abzüglich an Arbeitnehmer ausgezahltes Kindergeld	43		
abzüglich Kürzungsbetrag für Besatzungsmitglieder von Handelsschiffen	33		
Verbleiben 1)	48	0	00
Solidaritätszuschlag 1) 2)	49		
pauschale Kirchensteuer im vereinfachten Verfahren	47		
Evangelische Kirchensteuer - ev 1) 2)	61		
Römisch-Katholische Kirchensteuer - rk 1) 2)	62		
Jüdische Kultussteuer - jd 1) 2)	64		
Altkatholische Kirchensteuer - ak 1) 2)	63		
Gesamtbetrag 1)	83	0	00

1) Negativen Beträgen ist ein **Minuszeichen** voranzustellen
2) Nach Abzug der im Lohnsteuer-Jahresausgleich erstatteten Beträge

Ein Erstattungsbetrag wird auf das dem Finanzamt benannte Konto überwiesen, soweit der Betrag nicht mit Steuerschulden verrechnet wird.

Verrechnung des Erstattungsbetrags erwünscht/Erstattungsbetrag ist abgetreten (falls ja, bitte eine „1" eintragen) 29

Geben Sie bitte die Verrechnungswünsche auf einem besonderen Blatt oder auf dem beim Finanzamt erhältlichen Vordruck „Verrechnungsantrag" an.

Die **Einzugsermächtigung** wird ausnahmsweise (z.B. wegen Verrechnungswünschen) für diesen Anmeldungszeitraum **widerrufen** (falls ja, bitte eine „1" eintragen) 26

Ein ggf. verbleibender Restbetrag ist gesondert zu entrichten.

Datum, Unterschrift

Hinweis nach den Vorschriften der Datenschutzgesetze:
Die mit der Steueranmeldung angeforderten Daten werden auf Grund der §§ 149 ff. der Abgabenordnung und des § 41a des Einkommensteuergesetzes erhoben. Die Angabe der Telefonnummer und der E-Mail-Adresse ist freiwillig.

Vom Finanzamt auszufüllen

Bearbeitungshinweis
1. Die aufgeführten Daten sind mit Hilfe des geprüften und genehmigten Programms sowie ggf. unter Berücksichtigung der gespeicherten Daten maschinell zu verarbeiten.
2. Die weitere Bearbeitung richtet sich nach den Ergebnissen der maschinellen Verarbeitung.

11 | 19 | 12

Kontrollzahl und/oder Datenerfassungsvermerk

Datum, Namenszeichen/Unterschrift

3.13 - **LStA** - Lohnsteuer-Anmeldung 2014 -

6. Aufgabe (10,0 Punkte)

Die Dreigestirn OHG aus Köln, bestehend aus den Gesellschaftern Peter Prinz, Jens Jungfrau und Bernd Bauer, hat im Jahr 2014 einen handelsrechtlichen Verlust von 21 000 € ausgewiesen (Wirtschaftsjahr = Kalenderjahr). Folgende Beträge sind dabei zutreffend als Aufwand erfasst worden:

- Peter Prinz erhielt als Geschäftsführer ein Gehalt von 6 750 € monatlich, zzgl. je $^1/_2$ Monatsgehalt als Urlaubs- und Weihnachtsgeld.
- Jens Jungfrau war als kaufmännischer Leiter für die OHG tätig und erhielt als solcher ein Gehalt von monatlich 5 300 €, zzgl. je $^1/_2$ Monatsgehalt als Urlaubs- und Weihnachtsgeld.
- Bernd Bauer hatte der OHG ein Grundstück mit Lagerhalle überlassen. Die Miete betrug 1 240 € monatlich. Für ein der OHG von Januar bis Juni 2014 gewährtes Darlehen i. H. von 150 000 € erhielt Bauer 6 % Zinsen p. a.

AUFGABEN:

a) Ermitteln Sie das einkommensteuerliche Ergebnis der OHG für das Jahr 2014.

b) Ermitteln Sie die Einkünfte der Gesellschafter anhand folgender Tabelle.

	Prinz	Jungfrau	Bauer	insgesamt
Einkommensteuerlicher Gewinn-/Verlustanteil				

7. Aufgabe (12,0 Punkte)

Klaus Koks erwarb mit Kaufvertrag vom 1. 8. 2009 ein Mehrfamilienhaus (Baujahr 1988) für umgerechnet 600 000 € (inkl. 120 000 € für Grund und Boden). Nutzen und Lasten gingen am 1. 9. 2009 auf Koks über.

Die Mieteinnahmen (inkl. 660 € Nebenkosten) betragen monatlich 3 960 €. Die vermietete Wohnfläche beträgt 600 qm.

Bis einschließlich August 2014 entstanden Koks folgende Aufwendungen:

- Schuldzinsen in Zusammenhang mit der Gebäudefinanzierung 18 000 €
- sonstige Hausaufwendungen 12 600 €

Die Gebäude-AfA wurde als Werbungskosten geltend gemacht.

Mit Vertrag vom 30. 6. 2014 veräußerte Koks das bebaute Grundstück für 565 000 €. Der Übergang von Nutzen und Lasten wurde auf den 1. 9. 2014 festgelegt. Koks entstanden Veräußerungskosten i. H. von 675 €.

AUFGABE:

Ermitteln Sie in einer übersichtlichen Darstellung die niedrigstmögliche Summe der Einkünfte für den Veranlagungszeitraum 2014. Geben Sie bitte auch die Berechnungen und die gesetzliche Grundlage für die Einkunftsart/-en an.

Klausur 1: Lösungen

I. Wirtschafts- und Sozialkunde (18,0 Punkte)

1. Aufgabe (4,0 Punkte)

a)	Das Ausbildungsverhältnis endet mit dem Bestehen der Abschlussprüfung am 16. 6. 2014.	**1,0 P**
	Am 17. 6. 2014 beginnt das Angestelltenverhältnis mit Anspruch auf Gehalt.	**1,0 P**
b)	Das ab 17. 6. 2014 bestehende Angestelltenverhältnis kann vom Arbeitnehmer mit einer Frist von vier Wochen zum Monatsende gekündigt werden (§ 622 Abs. 1 BGB). Die Kündigung muss also vier Wochen vor dem 31. 7. 2014, also bis zum 3. 7. 2014, erfolgen.	**1,0 P**
c)	Es ist Schriftform vorgeschrieben (§ 623 BGB). Die Angabe des Kündigungsgrundes ist nicht erforderlich.	**1,0 P**

2. Aufgabe (3,0 Punkte)

►	Sechs Wochen Lohnfortzahlung durch den Arbeitgeber,	**1,5 P**
►	danach drei Wochen Krankengeld von der Krankenkasse.	**1,5 P**

3. Aufgabe (3,0 Punkte)

a)	Kaufvertrag (§§ 433, 453 BGB)	**0,5 P**
b)	Mietvertrag (§ 535 BGB)	**0,5 P**
c)	Werklieferungsvertrag (§ 651 BGB)	**0,5 P**
d)	Werkleistungsvertrag (§ 631 BGB)	**0,5 P**
e)	Pachtvertrag (§ 581 BGB)	**0,5 P**
f)	Darlehensvertrag (§ 488 BGB)	**0,5 P**

4. Aufgabe (3,0 Punkte)

a)	Der Verkäufer bleibt Eigentümer bis zur vollständigen Bezahlung (§ 449 BGB).	**1,0 P**
b)	Der Eigentumsvorbehalt erlischt,	**1,0 P**
	weil die Ware mit dem Grundstück fest verbunden wird.	**1,0 P**

5. Aufgabe (5,0 Punkte)

Fall 1:

Ein Vertrag ist zustande gekommen, weil beim Kauf zwei übereinstimmende Willenserklärungen abgegeben wurden.	**1,0 P**
Eine Anfechtung ist möglich.	**0,5 P**
Es liegt eine arglistige Täuschung vor (§ 123 BGB).	**1,0 P**

Fall 2:

Ein Vertrag ist nicht zustande gekommen.	**1,0 P**
Der Preis für den Kredit ist unverhältnismäßig hoch (Wucher) (§ 138 Abs. 1 BGB).	**0,5 P**
Der Vertrag ist nichtig.	**0,5 P**
Eine Anfechtung ist damit nicht erforderlich.	**0,5 P**

II. Rechnungswesen (36,0 Punkte)

Vorbemerkungen zu den Kontenbezeichnungen in den Lösungen:

Die §§ 266, 275 HGB regeln, welche Posten in der Bilanz und in der GuV auszuweisen sind. Das HGB schreibt aber kein bestimmtes Buchführungssystem vor und damit auch nicht die Bezeichnung der Konten. Gleichwohl müssen die Geschäftsvorfälle so gebucht werden, dass ein Überblick über die Vermögens- und Ertragslage gewährleistet ist. Und aus steuerlichen Gründen (z. B. USt, einkommensteuerliches Teileinkünfteverfahren) bietet es sich an, bereits bei der Buchung der laufenden Geschäftsvorfälle die steuerlichen Konsequenzen im Blick zu haben und entsprechend differenziert zu buchen. In der Praxis ist vor diesem Hintergrund der „DATEV-E-Bilanz-Standardkontenrahmen (SKR) 03" sehr stark verbreitet. Die Kontenbezeichnungen in den Lösungen entsprechen weitgehend dem SKR 03. In den Lösungen zu den Klausuren werden jedoch regelmäßig auch andere zutreffende Kontenbezeichnungen zugelassen.

1. Aufgabe (3,5 Punkte)

		Jahre	
1.	Kassenberichte	10	**0,5 P**
2.	Kontoauszüge der Bankkonten	10	**0,5 P**
3.	Kassenbelege	10	**0,5 P**
4.	Erhaltene Werbesendungen	0	**0,5 P**
5.	Eingangsrechnungen	10	**0,5 P**
6.	Jahresabschlüsse	10	**0,5 P**
7.	Durchschriften der Ausgangsrechnungen	10	**0,5 P**

Hinweis auf § 257 HGB, § 147 AO und § 14b UStG.

2. Aufgabe (4,0 Punkte)

a) *Anschaffung der Ware*

Wareneingang	850 €	an	Verbindlichkeiten aus LuL	850 €
				1,0 P
Vorsteuer aus i. g. Erwerb (7 %)	59,50 €	an	Umsatzsteuer aus i. g. Erwerb (7 %)	59,50 €
				1,0 P

b) *Banküberweisung*

Verbindl. aus LuL	850 €	an	Bank	833 €
		an	erhaltene Skonti	17 €
				1,0 P

Umsatzsteuer aus i. g. Erwerb (7 %)	1,19 €	an	Vorsteuer aus i. g. Erwerb (7 %)	1,19 €
				1,0 P

3. Aufgabe (2,0 Punkte)

a) *Verkauf der Ware*

Forderungen aus LuL	1 550 €	an	steuerfreie i. g. Lieferung	1 550 €
				1,0 P

b) *Zahlungseingang*

Bank	1 519 €			
gewährte Skonti	31 €	an	Forderungen aus LuL	1 550 €
				1,0 P

4. Aufgabe (8,0 Punkte)

a) Frau Reichwein hat eine moderne Ladeneinrichtung für 38 400 € zzgl. 7 296 € USt auf Rechnung erworben.

Bilanzsumme:		€
	unverändert	
X	erhöht sich um	45 696 €
	mindert sich um	
		2,0 P

b) Bei der Banküberweisung zieht sie vom Rechnungsbetrag (Aufgabe a) vereinbarungsgemäß 3 % Skonto ab. Das betriebliche Bankkonto der Firma weist einen Schuldsaldo aus.

Bilanzsumme:		€
	unverändert	
	erhöht sich um	
X	mindert sich um	1 370,88 €
		2,0 P

c) Die Firma Reichwein verkauft einen Präsentkorb (Hummer, Austern, alkoholische Getränke) an den Steuerberater Gerber für 350 € zzgl. 19 % USt gegen Rechnung.

Bilanzsumme:		€
	unverändert	
X	erhöht sich um	416,50 €
	mindert sich um	
		2,0 P

d) Auf dem betrieblichen Bankkonto gehen 408,17 € ein. Steuerberater Gerber hat seine Rechnung nach Abzug von 2 % Skonto beglichen. Das Bankkonto weist z. Zt. der Zahlung einen Guthabensaldo aus.

Bilanzsumme:		€
	unverändert	
	erhöht sich um	
X	mindert sich um	8,33 €
		2,0 P

5. Aufgabe (9,0 Punkte)

Geschäftsvorfall		Gewinn +	Gewinn ./.	€
a)	Frau Reichwein bezahlt eine bereits gebuchte Warenrechnung unter Inanspruchnahme von 2 % Skonto. Der Überweisungsbetrag beläuft sich auf 2 099,16 €.	+		36 € **3,0 P**
b)	Sie überweist die Miete für Mai für gemietete Geschäftsräume über 1 500 € zzgl. 19 % USt und 600 € für privat genutzte Räume.		./.	1 500 € **1,0 P**
c)	Sie bezahlt den Kaufpreis für ein erworbenes Betriebsgrundstück i. H. von 217 000 €.			0 € **1,0 P**
d)	Die Notarrechnung über die Beurkundung des Kaufvertrages i. H. von 1 220 € zzgl. 19 % USt geht ein und soll erst später beglichen werden.			0 € **1,0 P**
e)	Die Kosten der Reparatur der Kühltheke betragen 297,50 € einschl. 19 % gesondert ausgewiesener USt. Der Betrag wird sofort bar bezahlt.		./.	250 € **1,0 P**
f)	Die Gewerbesteuernachzahlung für 2013 über 800 € wurde überwiesen. Zum 31. 12. 2013 waren 650 € zurückgestellt worden.		./.	150 € **2,0 P**

HINWEIS:

Hinweis zu f): Aus dem Buchungssatz ergibt sich wie dargestellt in der Steuer- und Handelsbilanz eine Gewinnminderung i. H. v. 150 €. Da die Gewerbesteuer jedoch gem. § 4 Abs. 5b EStG nicht abzugsfähig ist, erfolgt außerhalb der Steuerbilanz eine Korrektur (+ 150 €). Die steuerrechtliche Gewinnauswirkung beträgt mithin insgesamt ./. 150 € + 150 € = 0 €. Die Bildung der Rückstellung in der Steuerbilanz zum 31. 12. 2013 war trotz der Regelung in § 4 Abs. 5b EStG geboten (§ 5 Abs. 1 Satz 1 erster Halbsatz EStG i. V. m. § 249 Abs. 1 Satz 1 HGB).

6. Aufgabe (6,0 Punkte)

Aktiva	31. 12. 2013	31. 12. 2014
Betriebs- und Geschäftsausstattung	32 000 €	28 000 €
Fahrzeuge	58 250 €	40 775 €
Warenbestand	18 430 €	22 440 €
Forderungen aus LuL	540 €	422 €
Geldkonten (Bank, Kasse)	1 256 €	2 045 €
Rohvermögen	110 476 €	93 682 €
./. Passiva		
Darlehensverbindlichkeiten	56 434 €	48 888 €
Verbindl. aus LuL	8 430 €	6 780 €
Umsatzsteuer-Schuld	780 €	558 €
Rückstellungen	420 €	650 €
Betriebsvermögen	44 412 €	36 806 €
	2,0 P	**2,0 P**

Betriebsvermögen per 31. 12. 2014	36 806 €	
./. Betriebsvermögen per 31. 12. 2013	44 412 €	
Betriebsvermögen-Minderung	./. 7 606 €	**1,0 P**
+ Entnahmen	44 560 €	**0,5 P**
./. Einlagen	9 900 €	**0,5 P**
= **Gewinn 2014**	27 054 €	

7. Aufgabe (3,5 Punkte)

Umsatzsteuer	1 260,00 €			**1,0 P**
abzugsfähige Nebenleistungen zu Steuern	12,50 €			**1,0 P**
Privatentnahme	2 020,00 €			**1,0 P**
		an	Bank	3 292,50 €
				0,5 P

III. Steuerwesen (46,0 Punkte)

1. Aufgabe (3,0 Punkte)

Hans Dampf kann bis zum 6.7.2015, 24.00 Uhr, Einspruch gegen den ESt-Bescheid 2014 einlegen.

Berechnung der Einspruchsfrist:

Aufgabe zur Post	1.6.2015	**0,5 P**
+ 3 Tage = Tag der Bekanntgabe	4.6.2015 (= Donnerstag/Fronleichnam)	**1,0 P**
Bekanntgabe verschiebt sich auf Freitag	5.6.2015	
Beginn der Einspruchsfrist	6.6.2015, 0.00 Uhr (bzw. mit Ablauf des 5.6.2015)	
+ 1 Monat		
= Ende der Einspruchsfrist	5.7.2015, 24.00 Uhr = Sonntag	**0,5 P**
Fristende verschiebt sich auf Montag,	6.7.2015, 24.00 Uhr	**1,0 P**

ERGÄNZENDE HINWEISE:

Fällt das Ende einer Frist auf einen Sonntag, einen gesetzlichen Feiertag oder einen Sonnabend, so endet die Frist mit dem Ablauf des nächstfolgenden Werktags, § 108 Abs. 3 AO. Diese Vorschrift greift auch bei der Dreitage-Regelung für die Bekanntgabe nach § 122 Abs. 2 Nr. 1 AO.

Auf den Beginn einer Frist (hier Beginn der Einspruchsfrist am Samstag, den 6.6.2015, 0.00 Uhr) findet diese Regelung keine Anwendung.

2. Aufgabe (4,0 Punkte)

Folgende Behörde ist für die Verwaltung der jeweiligen Steuern zuständig:

a)	Umsatzsteuer	Finanzamt	**0,5 P**
b)	Gewerbesteuer	Finanzamt und Steueramt der Gemeinde	**1,0 P**
c)	Körperschaftsteuer	Finanzamt	**0,5 P**
d)	Grundsteuer	Finanzamt und Steueramt der Gemeinde	**1,0 P**
e)	Mineralölsteuer	Hauptzollamt	**0,5 P**
f)	Stromsteuer	Hauptzollamt	**0,5 P**

3. Aufgabe (4,0 Punkte)

Die Eheleute Landsmann erfüllen die Voraussetzungen des § 1 Abs. 3 EStG und können damit auf Antrag als unbeschränkt einkommensteuerpflichtig behandelt werden.

1. Kein Wohnsitz oder gewöhnlicher Aufenthalt im Inland. **1,0 P**
2. Inländische Einkünfte gem. § 49 EStG. **1,0 P**
3. Einkünfte 2014 unterliegen zu mindestens 90 % der deutschen ESt
   (Einkünfte insgesamt: 46 860 €, davon ausländische Einkünfte 4 240 € = 9,05 % der Einkünfte insgesamt; auch Alternative, ausländische Einkünfte ≤ 8 354 € = Grundfreibetrag, ist erfüllt). **1,0 P**
4. Bescheinigung über die Höhe der ausländischen Einkünfte liegt vor. **1,0 P**

4. Aufgabe (5,0 Punkte)

Der (steuerpflichtige) Bruttoarbeitslohn des Mandanten Helmut Hillmann für 2014 ermittelt sich wie folgt:

Bruttoarbeitslohn für die Anlage N (Zeile 6)	37 250 €	**1,0 P**
Kindergartenzuschuss des Arbeitgebers:	steuerfrei gem. § 3 Nr. 33 EStG	**1,0 P**
Geldwerter Vorteil aus Personalrabatt:	steuerfrei gem. § 8 Abs. 3 EStG, da geldwerter Vorteil in 2014 den Betrag von 1 080 € nicht überstiegen hat (Freibetrag).	**1,0 P**
Reisekostenerstattung:	steuerfrei gem. § 3 Nr. 16 EStG	**1,0 P**
Zuwendung Arbeitnehmerjubiläum:	Die Zuwendung anlässlich des 10-jährigen Arbeitnehmerjubiläums stellt zwar Bruttoarbeitslohn dar (0,5 P), sie ist zugleich allerdings Arbeitslohn für mehrere Kalenderjahre. Daher ist dieser Betrag in die Zeile 17 der Anlage N einzutragen (0,5 P).	**1,0 P**

ERGÄNZENDER HINWEIS:

Der Grund für die Eintragung der Zuwendung anlässlich des Firmenjubiläums in Zeile 17 der Anlage N liegt in der ermäßigten Besteuerung dieser Zuwendung (§ 34 EStG, sog. „Fünftel-Regelung").

2014

Anlage N

Jeder Ehegatte / Lebenspartner mit Einkünften aus nichtselbständiger Arbeit hat eine eigene Anlage N abzugeben.

1 Name: Hillmann

2 Vorname: Helmut

3 **Steuernummer** ?

X stpfl. Person / Ehemann / Lebenspartner(in) A

Ehefrau / Lebenspartner(in) B

4 eTIN lt. Lohnsteuerbescheinigung(en), sofern vorhanden: ?
eTIN lt. weiterer Lohnsteuerbescheinigung(en), sofern vorhanden

Einkünfte aus nichtselbständiger Arbeit

4

Angaben zum Arbeitslohn

Zeile		Kz	Lohnsteuerbescheinigung(en) Steuerklasse 1 – 5 (EUR, Ct)	Kz	Lohnsteuerbescheinigung(en) Steuerklasse 6 oder einer Urlaubskasse (EUR, Ct)
5	**Steuerklasse**	168	3		
6	Bruttoarbeitslohn	110	37 250, —	111	, —
7	Lohnsteuer	140		141	
8	Solidaritätszuschlag	150		151	
9	Kirchensteuer des Arbeitnehmers	142		143	
10	**Nur bei konfessionsverschiedener Ehe:** Kirchensteuer für den Ehegatten	144		145	

Zeile		Kz	1. Versorgungsbezug	Kz	2. Versorgungsbezug
11	**Steuerbegünstigte Versorgungsbezüge** (in Zeile 6 enthalten)	200	, —	210	, —
12	Bemessungsgrundlage für den Versorgungsfreibetrag lt. Nr. 29 der Lohnsteuerbescheinigung	201	, —	211	, —
13	Maßgebendes Kalenderjahr des Versorgungsbeginns lt. Nr. 30 der Lohnsteuerbescheinigung	206		216	
14	Bei unterjähriger Zahlung: Erster und letzter Monat, für den Versorgungsbezüge gezahlt wurden, lt. Nr. 31 der Lohnsteuerbescheinigung	202 – 203	Monat – Monat	212 – 213	Monat – Monat
15	Sterbegeld, Kapitalauszahlungen / Abfindungen und Nachzahlungen von Versorgungsbezügen lt. Nr. 32 der Lohnsteuerbescheinigung (in den Zeilen 6 und 11 enthalten)	204	, —	214	, —

Zeile		Kz		Kz	
16	Ermäßigt zu besteuernde Versorgungsbezüge für mehrere Jahre lt. Nr. 9 der Lohnsteuerbescheinigung	205	, —	215	, —
17	**Entschädigungen** (Bitte Vertragsunterlagen einreichen) / **Arbeitslohn für mehrere Jahre**			166	300, —
18	Steuerabzugsbeträge zu den Zeilen 16 und 17: Lohnsteuer	146		152 (Solidaritätszuschlag)	
19	Kirchensteuer Arbeitnehmer	148		149 (Kirchensteuer Ehegatte)	
20	Steuerpflichtiger Arbeitslohn, von dem kein Steuerabzug vorgenommen worden ist (soweit nicht in der Lohnsteuerbescheinigung enthalten)			115	, —
21	Steuerfreier Arbeitslohn nach Doppelbesteuerungsabkommen / sonstigen zwischenstaatlichen Übereinkommen (Übertrag aus den Zeilen 52, 70 und / oder 81 der ersten **Anlage N-AUS**)			139	, —
22	Steuerfreier Arbeitslohn nach Auslandstätigkeitserlass (Übertrag aus Zeile 66 der ersten **Anlage N-AUS**)			136	, —
23	Steuerfreie Einkünfte (Besondere Lohnbestandteile) nach Doppelbesteuerungsabkommen / sonstigen zwischenstaatlichen Übereinkommen / Auslandstätigkeitserlass (Übertrag aus Zeile 80 der ersten **Anlage N-AUS**)			178	, —
24	Beigefügte **Anlage(n) N-AUS**				Anzahl

Zeile	Grenzgänger nach (Beschäftigungsland)	Kz	Arbeitslohn in ausländischer Währung	Kz	Schweizerische Abzugsteuer in SFr
25		116	, —	135	

Zeile		aus der Tätigkeit als	Kz	EUR
26	Steuerfrei erhaltene Aufwandsentschädigungen / Einnahmen		118	, —

Zeile		Kz	
27	**Kurzarbeitergeld, Zuschuss zum Mutterschaftsgeld, Verdienstausfallentschädigung nach dem Infektionsschutzgesetz, Aufstockungsbeträge nach dem Altersteilzeitgesetz, Altersteilzeitzuschläge nach Besoldungsgesetzen (lt. Nr. 15 der Lohnsteuerbescheinigung)**	119	, —
28	**Insolvenzgeld**	121	, —
29	**Andere Lohn- / Entgeltersatzleistungen** (z. B. Arbeitslosengeld, Elterngeld, Krankengeld, Mutterschaftsgeld und vergleichbare Leistungen aus einem EU- / EWR-Staat oder der Schweiz)	120	, —

Angaben über Zeiten und Gründe der Nichtbeschäftigung (Bitte Nachweise einreichen)

30

2014AnlN031 **2014AnlN031**

5. Aufgabe (8,0 Punkte)

Lohnabrechnung Dezember 2014:

Bruttogehalt Dezember 2014	2 150,00 €		
Weihnachtsgeld	1 075,00 €		
Bruttogehalt insgesamt:		3 225,00 €	**1,0 P**
Lohnsteuer Dezember 2014	518,25 €		
Kirchensteuer rk. (9 %)	46,64 €		**0,5 P**
Solidaritätszuschlag (5,5 %)	28,50 €		**0,5 P**
Steuerrechtliche Abzüge		./. 593,39 €	**0,5 P**
Sozialversicherungsrechtliche Abzüge (20,43 %)		./. 658,86 €	**0,5 P**
Nettobezug Reisekosten (steuerfrei)		144,00 €	**1,0 P**
Auszahlungsbetrag:		2 116,75 €	
Lohnsteueranmeldung Dezember 2014 insgesamt (je Eintragung 0,5 P)			**4,0 P**

- Bitte weiße Felder ausfüllen oder ☒ ankreuzen und Hinweise auf der Rückseite beachten -

Fallart	Steuernummer	Unterfallart
11	336/5021/2123	62

2014

30 Eingangsstempel oder -datum

Finanzamt

Münster-Außenstadt
Postfach 6129

48136 Münster

Arbeitgeber - Anschrift der Betriebsstätte - Telefonnummer - E-Mail

Bernd Brinkmann
Heizung / Sanitär
Rohrweg 2
48167 Münster

Lohnsteuer-Anmeldung 2014

Anmeldungszeitraum

bei **monatlicher** Abgabe bitte ankreuzen

14 01	Jan.		14 07	Juli	
14 02	Feb.		14 08	Aug.	
14 03	März		14 09	Sept.	
14 04	April		14 10	Okt.	
14 05	Mai		14 11	Nov.	
14 06	Juni		14 12	Dez.	X

bei **vierteljährlicher** Abgabe bitte ankreuzen

14 41	I. Kalendervierteljahr	
14 42	II. Kalendervierteljahr	
14 43	III. Kalendervierteljahr	
14 44	IV. Kalendervierteljahr	

bei jährlicher Abgabe bitte ankreuzen

14 19	Kalenderjahr	

Berichtigte Anmeldung (falls ja, bitte eine „1" eintragen)	10		
Zahl der Arbeitnehmer (einschl. Aushilfs- und Teilzeitkräfte)	86		
		EUR	**Ct**
Summe der einzubehaltenden Lohnsteuer [1) 2)]	42	518	25
Summe der pauschalen Lohnsteuer - ohne § 37b EStG - [1)]	41		
Summe der pauschalen Lohnsteuer nach § 37b EStG [1)]	44		
abzüglich an Arbeitnehmer ausgezahltes Kindergeld	43		
abzüglich Kürzungsbetrag für Besatzungsmitglieder von Handelsschiffen	33		
Verbleiben [1)]	48	518	25
Solidaritätszuschlag [1) 2)]	49	28	50
pauschale Kirchensteuer im vereinfachten Verfahren	47		
Evangelische Kirchensteuer - ev [1) 2)]	61		
Römisch-Katholische Kirchensteuer - rk [1) 2)]	62	46	64
Jüdische Kultussteuer - jd [1) 2)]	64		
Altkatholische Kirchensteuer - ak [1) 2)]	63		
Gesamtbetrag [1)]	83	593	39

1) Negativen Beträgen ist ein **Minuszeichen** voranzustellen
2) Nach Abzug der im Lohnsteuer-Jahresausgleich erstatteten Beträge

Ein Erstattungsbetrag wird auf das dem Finanzamt benannte Konto überwiesen, soweit der Betrag nicht mit Steuerschulden verrechnet wird.
Verrechnung des Erstattungsbetrags erwünscht/Erstattungsbetrag ist abgetreten (falls ja, bitte eine „1" eintragen) 29
Geben Sie bitte die Verrechnungswünsche auf einem besonderen Blatt oder auf dem beim Finanzamt erhältlichen Vordruck „Verrechnungsantrag" an.
Die **Einzugsermächtigung** wird ausnahmsweise (z.B. wegen Verrechnungswünschen) für diesen Anmeldungszeitraum **widerrufen** (falls ja, bitte eine „1" eintragen) 26
Ein ggf. verbleibender Restbetrag ist gesondert zu entrichten.

Datum, Unterschrift

Hinweis nach den Vorschriften der Datenschutzgesetze:
Die mit der Steueranmeldung angeforderten Daten werden auf Grund der §§ 149 ff. der Abgabenordnung und des § 41a des Einkommensteuergesetzes erhoben.
Die Angabe der Telefonnummer und der E-Mail-Adresse ist freiwillig.

Vom Finanzamt auszufüllen

Bearbeitungshinweis
1. Die aufgeführten Daten sind mit Hilfe des geprüften und genehmigten Programms sowie ggf. unter Berücksichtigung der gespeicherten Daten maschinell zu verarbeiten.
2. Die weitere Bearbeitung richtet sich nach den Ergebnissen der maschinellen Verarbeitung.

11 | 19 | 12

Kontrollzahl und/oder Datenerfassungsvermerk

Datum, Namenszeichen/Unterschrift

3.13 - **LStA** - Lohnsteuer-Anmeldung 2014 - Nordrhein-Westfalen

6. Aufgabe (10,0 Punkte)

a) Einkommensteuerliches Ergebnis der Dreigestirn OHG für das Jahr 2014:

Handelsrechtlicher Verlust 2014			./. 21 000 €	**0,5 P**
Tätigkeitsvergütung Prinz				
6 750 € x 13 =			+ 87 750 €	**1,5 P**
Tätigkeitsvergütung Jungfrau				
5 300 € x 13 =			+ 68 900 €	**1,5 P**
Miete, Zins Bauer				
1 240 € x 12 =	14 880 €	1,0 P		
150 000 € x 6 % x $^6/_{12}$ =	4 500 €	1,0 P	+ 19 380 €	
steuerrechtlicher Gewinn für 2014			155 030 €	**0,5 P**

b) Einkünfte der Gesellschafter Prinz, Jungfrau und Bauer aus der Dreigestirn OHG für 2014

	Prinz	Jungfrau	Bauer	insgesamt
Tätigkeitsvergütung **1,5 P**	87 750 €	68 900 €		156 650 €
Miete, Zins **1,5 P**			19 380 €	19 380 €
handelsrechtlicher Verlustanteil **1,5 P**	./. 7 000 €	./. 7 000 €	./. 7 000 €	./. 21 000 €
einkommensteuerlicher Gewinnanteil **1,5 P**	80 750 €	61 900 €	12 380 €	155 030 €

ERGÄNZENDER HINWEIS:

Der Verlust eines Geschäftsjahrs wird auf die Gesellschafter nach Köpfen verteilt, § 121 Abs. 3 HGB.

7. Aufgabe (12,0 Punkte)

a) Einkünfte aus Vermietung und Verpachtung, § 21 Abs. 1 Nr. 1 EStG:		**1,0 P**
Einnahmen		
Mieteinnahmen 8 x 3 960 € =	31 680 €	**1,0 P**
Werbungskosten		
Abschreibung		
(600 000 € ./. 120 000 €) x 2 % x $^{8}/_{12}$ =	./. 6 400 €	**2,0 P**
Schuldzinsen	./. 18 000 €	**1,0 P**
sonstige Hausaufwendungen	./. 12 600 €	**1,0 P**
Einkünfte	./. 5 320 €	

b) Einkünfte aus privaten Veräußerungsgeschäften, § 22 Nr. 2 i. V. mit § 23 EStG			**2,0 P**
Verkaufspreis		565 000 €	
abzgl. Anschaffungskosten	600 000 €		**1,0 P**
abzgl. Abschreibung für fünf Jahre	./. 48 000 €	./. 552 000 €	**1,5 P**
abzgl. Veräußerungskosten		./. 675 €	**0,5 P**
Einkünfte		12 325 €	
Summe der Einkünfte		7 005 €	**1,0 P**

ERGÄNZENDE HINWEISE:

Bei der Veräußerung eines Grundstücks handelt es sich um ein privates Veräußerungsgeschäft (§ 22 Nr. 2 i. V. mit § 23 EStG), sofern der Zeitraum zwischen Anschaffung und Veräußerung nicht mehr als zehn Jahre beträgt. Maßgebend dabei sind die obligatorischen Rechtsgeschäfte (hier die jeweiligen Kaufverträge vom 1. 8. 2009 sowie vom 30. 6. 2014).

Bei Ermittlung des Gewinns aus privaten Veräußerungsgeschäften sind die Abschreibungen, die bei Ermittlung der Einkünfte i. S. des § 2 Abs. 1 Satz 1 Nr. 4 bis 6 EStG abgezogen worden sind, zu berücksichtigen. Vorliegend wurden Abschreibungsbeträge für insgesamt fünf Jahre als Werbungskosten berücksichtigt (maßgebend dabei ist das wirtschaftliche Eigentum i. S. des § 39 Abs. 2 AO = Übergang von Nutzen und Lasten: 1. 9. 2009 bis 1. 9. 2014).

Klausur 2: Aufgaben

I. Wirtschafts- und Sozialkunde (22,0 Punkte)

1. Aufgabe (3,0 Punkte)

Viola Grinzing, 20 Jahre alt, hat mit dem Steuerberater Hülsmann einen Ausbildungsvertrag geschlossen. Noch während der vereinbarten Probezeit erkennt sie, dass sie für die Büroarbeit nicht geeignet ist.

AUFGABEN:

a) Kann Viola Grinzing den Ausbildungsvertrag kündigen?
b) Muss sie eine Kündigungsfrist beachten? Wenn ja, welche?
c) Hat sie Formvorschriften zu beachten?

2. Aufgabe (5,0 Punkte)

Rechtliche Regelungen ergeben sich entweder aus dem Privatrecht oder aus dem öffentlichen Recht.

AUFGABEN:

a) Nennen Sie je drei Rechtsgebiete oder Einzelgesetze des privaten Rechts und des öffentlichen Rechts.
b) Wodurch unterscheiden sich privates und öffentliches Recht?

3. Aufgabe (4,0 Punkte)

Margarete Wildermann ist 72 Jahre alt und verwitwet. Ihrem Enkel Florian Düllert hat sie am 1.9.2014 im Beisein von Zeugen versprochen, ihm zum 20. Geburtstag einen neuen Pkw im Werte von 25 000 € zu schenken.

AUFGABEN:

a) Kann Florian Düllert auch dann den Pkw verlangen, wenn seine Großmutter sich später an ihr Versprechen nicht mehr erinnert?
b) Ist eine Schenkung ein einseitiges oder ein zweiseitiges Rechtsgeschäft? Begründen Sie Ihre Entscheidung.

4. Aufgabe (6,0 Punkte)

Die 16-jährige Karin Kleinschmidt ist Schülerin des Momsen-Gymnasiums in Berlin-Zehlendorf. Während ihrer Freizeit jobbt sie mit Zustimmung ihrer Eltern werktags für drei Stunden täglich in einem Schnellrestaurant.

Nach 14 Tagen stellt sie fest, dass diese Tätigkeit sehr anstrengend ist und ihre schulischen Leistungen darunter leiden. Deshalb kündigt sie ohne Zustimmung ihrer Eltern den Arbeitsvertrag.

AUFGABEN:

Prüfen Sie, ob

a) der Arbeitsvertrag rechtswirksam zu Stande gekommen ist,
b) die Kündigung des Arbeitsvertrags rechtswirksam ist oder ob Karin ohne die vorliegende Zustimmung der Eltern zur Kündigung weiter arbeiten muss.

Begründen Sie Ihre Auffassung.

5. Aufgabe (4,0 Punkte)

Gastwirt Bruno Flasche will sich in einem Jahr zur Ruhe setzen und schon jetzt die günstigste Gelegenheit zum Kauf eines Hauses in Florida wahrnehmen. Weil er dafür Geld benötigt, verkauft er am 31. 12. 2014 seine Gaststätte, die er in gemieteten Räumen betreibt, für 100 000 € an Stefan Alt. Vereinbarungsgemäß wird Alt die Gaststätte aber erst in 12 Monaten, also am 31. 12. 2015, übernehmen. Bis dahin pachtet Flasche die Gaststätte von Alt und zahlt monatlich 900 € Pacht.

AUFGABEN:

a) Zu welchem Zeitpunkt wird Alt Eigentümer der Gaststätte?
b) Wie erfolgt die Eigentumsübertragung?
c) Erläutern Sie die Eigentums- und Besitzverhältnisse an der Gaststätte nach Veräußerung.

II. Rechnungswesen (38,5 Punkte)

1. Aufgabe (9,0 Punkte)

Die Firma Elsner & Co., Bauunternehmung und Baustoffhandlung in Wuppertal, beschäftigt u. a. Frau Annemarie Springer in der Buchhaltung. Frau Springer ist 38 Jahre alt, ledig und erhält ein monatliches Bruttogehalt von 3 450,50 €. Sie hat keine Kinder.

Von ihrem Gehalt lässt sie jeweils 13 € monatlich als vermögenswirksame Leistung auf einen Bausparvertrag überweisen. Ihr Arbeitgeber trägt zusätzlich mit monatlich 27 € freiwillig zu ihrer Vermögensbildung bei.

Für den Monat März 2014 erhält sie zusätzlich 150 € Urlaubsgeld, muss aber einen Vorschuss von 250 € zurückzahlen und lässt einen Personaleinkauf über 166,60 € mit ihrem Gehalt verrechnen.

Folgende weitere Informationen liegen vor:

Lohnsteuer auf den Bruttolohn	636,41 €
Steuersatz Kirchensteuer	9 %
Steuersatz Solidaritätszuschlag	5,5 %
Rentenversicherung	18,9 %
Arbeitslosenversicherung	3,0 %

Pflegeversicherung	2,05 %
Zuschlag Pflegeversicherung (kinderlos)	0,25 %
Krankenversicherung	15,5 %
Umlage U 1 (Entgeltfortzahlung Krankheit)	1,5 %
Umlage U 2 (Entgeltfortzahlung Mutterschaft)	0,28 %
Umlage U 3 (Insolvenzgeld)	0,15 %

AUFGABEN:

a) Ermitteln Sie in einer übersichtlichen Darstellung den Bruttolohn, den Nettolohn und den Auszahlungsbetrag.

b) Buchen Sie die Gehaltsabrechnung nach der Bruttomethode einschließlich des bisher nicht erfassten Personalkaufs.

2. Aufgabe (7,5 Punkte)

Der Firma Elsner & Co. entstanden beim Einkauf eines Postens Außenkamine folgende Aufwendungen:

1. Rechnung des Lieferanten:

200 Stück Außenkamine „Merkur 65“	
Stückpreis 142,50 €	28 500 €
+ 19 % Umsatzsteuer	5 415 €
Rechnungsbetrag	33 915 €

2. Rechnung der Spedition Müller:

Transport Lager Köln - Wuppertal	
72 km x 11,20 €/km	806,40 €
Transportversicherung $^{5}/_{1000}$ vom Warenwert	142,50 €
Pfand für 1 Container (Intercargo)	1 200,00 €
	2 148,90 €
+ 19 % Umsatzsteuer (ohne Versicherung)	381,22 €
Rechnungsbetrag	2 530,12 €

3. Seinem Handelsvertreter erteilte die Firma eine Gutschrift über 2,5 % Einkaufsprovision vom Warenwert für die Vermittlung des Kaufvertrags

Provision	712,50 €
+ 19 % Umsatzsteuer	135,38 €
Summe Gutschrift	847,88 €

4. Bei der Finanzierung des Warenkaufs berechnete die Bank Überziehungszinsen i. H. von 570 €

AUFGABEN:

a) Erstellen Sie die Buchungssätze für diese Vorgänge.
b) Buchen Sie die Rückgabe des Containers an den Spediteur.

3. Aufgabe (6,0 Punkte)

Die Firma Elsner & Co. hat beim Hersteller Jungheinrich einen Spezial-Gabelstapler für Hochregale bestellt. Vereinbarungsgemäß wurden folgende Anzahlungen durch Banküberweisung geleistet:

a)	Am 3. 4. (ohne Rechnung)		34 800 €
b)	Am 18. 4.	5 000 €	
	+ 19 % USt	950 €	5 950 €
c)	Am 30. 4. (ohne Rechnung)		6 960 €

Am 3. 5. wurde das Gerät geliefert und wie folgt berechnet:

Gabelstapler „Titan 5000“	70 000 €
+ 19 % Umsatzsteuer	13 300 €
	83 300 €
./. geleistete Anzahlungen	47 710 €
verbleibende Restzahlung	35 590 €

AUFGABEN:

Buchen Sie
a) die geleisteten Anzahlungen bei der Firma Elsner & Co.,
b) den Eingang des Geräts bei der Firma Elsner & Co.

4. Aufgabe (6,0 Punkte)

Die Firma Elsner & Co. (Wj. = Kj.) nahm zur Finanzierung des Gabelstaplers Anfang Mai 2014 einen Kredit bei der Sparkasse Wuppertal auf. Aus dem Kreditvertrag ergeben sich folgende Konditionen (deutsche/kaufmännische Zinsmethode):

- Darlehensbetrag 50 000 €
- Zinssatz 3 %
- Fälligkeit der Zinsen jeweils zum 31. 10. und 30. 4. eines Jahres
- Auszahlungskurs 95 %
- Rückzahlung des Darlehens zum 30. 4. 2019 in einer Summe.

AUFGABE:

Wie ist

1. am 2. 5. bei Darlehensauszahlung,
2. am 31. 10. bei Zinszahlung,
3. am 31. 12. beim Jahresabschluss zu buchen?

5. Aufgabe (3,0 Punkte)

Bei der Firma Elsner & Co. sind bei einem Einbruch nachweislich Waren im Werte von 10 000 € (= Netto-Einkaufspreis) gestohlen worden. Die Ware ist nicht versichert.

AUFGABEN:

Welche Auswirkungen hat dieser Vorgang auf Wareneinsatz und Rohgewinn, wenn die Buchung des Diebstahls unterbleibt?

Welche Auswirkung hat der Vorgang auf den Reingewinn?

6. Aufgabe (7,0 Punkte)

Bei der Firma Elsner & Co. ergaben sich für das Wirtschaftsjahr 2014 aus der Buchführung und den Inventurunterlagen u. a. folgende Werte:

► Warenbestand 1. 1.	60 000 €
► Warenbestand 31. 12.	80 000 €
► Wareneingang	440 000 €
► Warenbezugskosten	10 000 €
► Preisnachlasse für Kunden	20 000 €
► Rücksendungen an Lieferanten	8 000 €
► Verkaufserlöse	653 000 €
► sonstige Betriebsausgaben	124 000 €

AUFGABEN:

Berechnen Sie für das Wirtschaftsjahr 2014

a) den Wareneinsatz,

b) den Rohgewinn,

c) den Reingewinn,

d) den Kalkulationszuschlag (Rohgewinnaufschlagssatz).

III. Steuerwesen (39,5 Punkte)

1. Aufgabe (4,0 Punkte)

Bitte geben Sie an, ob es sich im Folgenden um gesetzliche, behördliche, verlängerbare oder nicht verlängerbare Fristen handelt.

		Frist		verlängerbar	
		gesetzlich	behördlich	ja	nein
1)	Einspruchsfrist				
2)	Abgabefrist Einkommensteuererklärung				
3)	Stundungsfrist				
4)	Zahlungsfrist Umsatzsteuer-Zahllast				

2. Aufgabe (6,0 Punkte)

Werner Weltenbummler liebt Fernreisen, von denen er sich stets Andenken mitbringt. Im Frühjahr 2015 war es eine schwere Virusinfektion, die ihm einen Krankenhausaufenthalt im Institut für Tropenkrankheiten einbrachte (30. 3. – 25. 4. 2015). Am 31. 5. 2015 kommt Weltenbummler endlich dazu, seine Post der letzten Wochen zu bearbeiten. Auf dem Schreibtisch findet er seinen ESt-Bescheid für 2014 (Aufgabe zur Post am 18. 3. 2015).

Weltenbummler möchte gegen den Bescheid Einspruch einlegen, da Unterhaltsleistungen zu Unrecht nicht als außergewöhnliche Belastungen berücksichtigt wurden.

AUFGABE:

Prüfen Sie, ob Weltenbummler mit seinem Einspruch Erfolg haben wird. Begründen Sie Ihre Lösung durch eine übersichtliche Fristberechnung unter Einbeziehung der vorgegebenen Daten.

Auszug aus dem Kalender 2015

	März	April	Mai	Juni
Mo	2 9 16 23 30	**6** 13 20 27	4 11 18 **25**	1 8 15 22 29
Di	3 10 17 24 31	7 14 21 28	5 12 19 26	2 9 16 23 30
Mi	4 11 18 25	1 8 15 22 29	6 13 20 27	3 10 17 24
Do	5 12 19 26	2 9 16 23 30	7 **14** 21 28	**4** 11 18 25
Fr	6 13 20 27	**3** 10 17 24	**1** 8 15 22 29	5 12 19 26
Sa	7 14 21 28	4 11 18 25	2 9 16 23 30	6 13 20 27
So	1 8 15 22 29	5 12 19 26	3 10 17 24 31	7 14 21 28

Karfreitag 3. April, Ostermontag 6. April, Maifeiertag 1. Mai, Christi Himmelfahrt 14. Mai, Pfingstmontag 25. Mai, Fronleichnam 4. Juni

3. Aufgabe (7,0 Punkte)

Dr. Kremer ist Rechtsanwalt und betreibt seine Praxis in Köln-Nippes, Lindenstr. 25. Er versteuert seine Umsätze nach vereinnahmten Entgelten mit 19 %. Voranmeldungszeitraum ist das Kalendervierteljahr.

Die umsatzsteuerliche Auswirkung folgender Sachverhalte auf die Umsatzsteuervoranmeldung für II/2015 ist noch zu klären:

a) Beim Kauf eines neuen Computers für seine Praxis hat er das Altgerät für 100 € in Zahlung geben können.

b) Für den Mandanten Laukötter muss eine Honorar-Rechnung erstellt werden, die folgende Positionen umfassen soll:

- Honorar für Vertretung vor dem Amtsgericht 380 €
- Honorar für Rechtsberatung 70 €
- Schreibgebühren und Porti 22 €
- verauslagte Gerichtskosten 225 €
- die Umsatzsteuer ?

c) Auf dem betrieblichen Bankkonto gingen 450 € ein. Es handelt sich um den Erlös aus dem Verkauf eines geerbten Gemäldes.

d) Der Mandant Neumann hat die Honorar-Rechnung für die Strafverteidigung vor dem Landgericht in Köln i. H. von 1 428 € erst nach Einleitung von Maßnahmen zur Zwangsvollstreckung bezahlt. Der Gerichtsvollzieher überweist zusätzlich zum Rechnungsbetrag Verzugszinsen von 150,80 €.

Tragen Sie die Ergebnisse in die nachfolgende Tabelle ein und begründen Sie Ihre Auffassung zu b) bis d).

	Art des Umsatzes	steuerbar		Bemessungsgrundlage	Umsatzsteuer
		ja	nein		
a)					
b)					
c)					
d)					

4. Aufgabe (16,5 Punkte)

Ihr Mandant Erich Ekel, Essen, ledig, geb. am 22. 3. 1949, war im Veranlagungszeitraum 2014 von Januar bis März als kfm. Angestellter bei der Hafen-AG Duisburg tätig. Seit April 2014 bezieht Ekel eine Betriebsrente und eine Rente von der Deutschen Rentenversicherung.

Ermitteln Sie anhand der vorgelegten Belege 1 bis 4 die Höhe der jeweiligen Einkünfte unter Angabe der Einkunftsart (Bezeichnung und gesetzliche Grundlage).

Aus der Lohnsteuerbescheinigung 2014 **(Beleg 1)** ergibt sich Folgendes (Beträge in €):

Dauer des Dienstverhältnisses	1. 1. bis 31. 3.	1. 4. bis 31. 12.
Bruttoarbeitslohn	9 000,00	7 500,00
einbehaltene Lohnsteuer	1 671,24	
einbehaltener Solidaritätszuschlag	91,89	
einbehaltene Kirchensteuer	150,39	
Steuerbegünstigte Versorgungsbezüge		7 500,00

Aus der Mitteilung der Rentenversicherung **(Beleg 2)** sind folgende Angaben ersichtlich (Beträge in €):

	bisher	neu ab 1. 4. 2014
Rentenbetrag	0,00	1 875,00
Krankenversicherung	0,00	126,56
Beitragsanteil Pflegeversicherung	0,00	15,94
auszuzahlender Betrag	0,00	1 732,50

Mit Schreiben vom 6. 2. 2015 der Hafen-AG Duisburg **(Beleg 3)** wird bestätigt, dass Ekel in 2014 für die Teilnahme an drei Aufsichtsratssitzungen insgesamt 2 500 € erhalten hat.

Aus der von der Sparkasse Essen für den Mandanten ausgestellten Jahresbescheinigung über Kapitalerträge **(Beleg 4a)** können Sie folgende Informationen entnehmen:

Sparkasse Essen

Steuerbescheinigung
Bescheinigung für alle Privatkonten

für Herrn Erich Ekel, Grubenstraße 13, 44123 Essen
werden für das Kalenderjahr 2014 folgende Angaben bescheinigt:

	EUR/CT
Höhe der Kapitalerträge . . . . Zeile 7 Anlage KAP (ohne Erträge aus Lebensversicherungen im Sinne des § 20 Abs. 1 Nr. 6 Satz 2 EStG)	1 050,00
davon: Gewinn aus Aktienveräußerungen im Sinne des § 20 Abs. 2 Satz 1 Nr. 1 EStG Zeile 8 Anlage KAP	
Höhe des in Anspruch genommenen Sparer-Pauschbetrages . . . . Zeile 12 Anlage KAP	
Kapitalertragsteuer . . . . Zeile 47 Anlage KAP	262,50
Solidaritätszuschlag . . . . Zeile 48 Anlage KAP	14,44
Kirchensteuer zur Kapitalertragsteuer . . . . Zeile 49 Anlage KAP	

Aus dem Sparbuch (Volksbank Essen), das der Mandant Ihnen vorlegt **(Beleg 4b)**, ergeben sich folgende Kontobewegungen (Beträge in €):

Datum	Text	Wert	Zugang	Abgang	Guthaben
2. 1. 14	Zinsen 2013	31. 12. 13	3 620,00		125 000,00
2. 1. 14	Übertrag	2. 1. 14			125 000,00
25. 2. 14	Überweisung	2. 2. 14	10 000,00		135 000,00
25. 2. 14	Einzahlung	10. 12. 14	12 000,00		147 000,00
10. 10. 14	Überweisung	1. 8. 14		./. 3 000,00	144 000,00
10. 10. 14	Einzahlung	10. 10. 14	5 000,00		149 000,00
20. 1. 15	Zinsen 2014	31. 12. 14	4 432,00		153 432,00
20. 1. 15	AbgeltungSt	31. 12. 14		./. 1 108,00	152 324,00
20. 1. 15	Solidaritäts-zuschlag	31. 12. 14		./. 60,94	152 263,06
20. 1. 15	KirchenSt	31. 12. 14		./. 99,72	152 163,34
30. 3. 15	Auszahlung	30. 3. 15		./. 10 000,00	142 163,34

5. Aufgabe (6,0 Punkte)

Gerd Gärtner verkauft Gartenbedarf in Lamstedt. Er ist Eigentümer eines dreigeschossigen Gebäudes im Nachbarort Hemmoor. Die gleich großen Geschossflächen werden wie folgt genutzt:

Erdgeschoss:	Ladenlokal, eigenbetrieblich genutzt
1. Obergeschoss:	Wohnung, fremdvermietet (Miete monatlich 650 €, einschließlich Nebenkosten)
2. Obergeschoss:	Wohnung, selbst genutzt

Gärtner hat das Gebäude (Baujahr 1983) im März 2013 zu einem Kaufpreis von 520 000 € erworben. Der Anteil des Grund und Bodens beträgt 15 %.

Folgende Aufwendungen sind in 2014 angefallen.

Hypothekenzinsen	21 840 €
Gebäudeversicherung	421 €
Grundsteuer	1 650 €
sonstige Grundstücksaufwendungen	9 660 €
Reparatur Gasetagenheizung I. OG	850 €

Im Rahmen seiner Gewinnermittlung (Verkauf von Gartenbedarf; Ladenlokal Erdgeschoss) hat Gärtner ausschließlich notwendiges Betriebsvermögen berücksichtigt.

AUFGABE:

Ermitteln Sie die Einkünfte aus Vermietung und Verpachtung des Herrn Gärtner für den Veranlagungszeitraum 2014 in einer übersichtlichen Darstellung und unter Verwendung der steuerrechtlichen Fachbegriffe.

Klausur 2: Lösungen

I. Wirtschafts- und Sozialkunde (22,0 Punkte)

1. Aufgabe (3,0 Punkte)

a) Ja. **1,0 P**

b) Während der Probezeit gibt es für beide Vertragsparteien keine Kündigungsfrist (§ 22 Abs. 1 BBiG). **1,0 P**

c) Die Kündigung hat schriftlich zu erfolgen (§ 22 Abs. 3 BBiG). **0,5 P**

Die Angabe des Kündigungsgrundes ist nicht erforderlich (§ 22 Abs. 2 BBiG). **0,5 P**

2. Aufgabe (5,0 Punkte)

a) **Privatrecht**

Bürgerliches Recht (BGB)

Handelsrecht (HGB)

AktG, GmbHG etc. **1,5 P**

Öffentliches Recht

Steuerrecht

Strafrecht

Verwaltungsrecht

ZPO, StVO etc. **1,5 P**

b) **Privatrecht**

Regelung der Rechtsbeziehungen von Privatpersonen untereinander. **1,0 P**

Öffentliches Recht

Regelung von Rechtsbeziehungen einzelner Rechtspersonen zu Körperschaften des öffentlichen Rechts (Bund, Länder, Gemeinden, Kirchen etc.). **1,0 P**

3. Aufgabe (4,0 Punkte)

a) Nein. Ein rechtswirksames Schenkungsversprechen muss notariell beurkundet sein (§ 518 Abs. 1 BGB). **2,0 P**

b) Die Schenkung ist ein zweiseitiges Rechtsgeschäft. Erforderlich sind die unentgeltliche Zuwendung durch den Schenker und deren Annahme durch den Beschenkten (§ 516 Abs. 2 BGB). **2,0 P**

4. Aufgabe (6 Punkte)

a)	Der Arbeitsvertrag ist rechtswirksam zustande gekommen.	1,0 P
	Die 16-jährige Karin ist als Minderjährige beschränkt geschäftsfähig (§ 106 BGB).	1,0 P
	Die Einwilligung des gesetzlichen Vertreters liegt vor.	1,0 P
b)	Die Kündigung des Arbeitsvertrags ist rechtswirksam.	1,0 P
	Die Zustimmung der Eltern zum Arbeitsvertrag liegt vor.	1,0 P
	Karin wird dadurch für Rechtsgeschäfte, die mit der Eingehung oder der Aufhebung des Arbeitsverhältnisses zusammen hängen, unbeschränkt geschäftsfähig (§ 113 Abs. 1 BGB).	1,0 P

5. Aufgabe (4,0 Punkte)

Alt wird durch den Kaufvertrag vom 31. 12. 2014 Eigentümer der Gaststätte.	1,0 P
Die Eigentumsübertragung der Gaststätte auf Alt erfolgte unter der Vereinbarung eines Besitzmittlungsverhältnisses in der Form eines Pachtvertrags.	1,0 P
Dies bedeutet, dass Flasche nach Veräußerung der Gaststätte weiterhin Besitzer bleibt (aber nicht als Eigentümer, sondern als Pächter).	1,0 P
Der Erwerber Alt ist mittelbarer Eigenbesitzer und Eigentümer geworden (§ 930 BGB).	1,0 P

II. Rechnungswesen (38,5 Punkte)

1. Aufgabe (9,0 Punkte)

Monatslohn lt. Vertrag/Barlohn	3 450,50 €	
+ AG-Anteil vermögenswirksame Leistungen (VL)	27,00 €	
+ Urlaubsgeld	150,00 €	
= Bruttolohn	**3 627,50 €**	1,0 P
./. Lohnsteuer	636,41 €	
./. Kirchensteuer	57,27 €	
./. Solidaritätszuschlag	35,00 €	
./. Rentenversicherung (18,9 % × 50 %)	342,80 €	
./. Arbeitslosenversicherung (3,0 % × 50 %)	54,41 €	
./. Krankenversicherung (14,6 % × 50 %)	264,80 €	
./. Krankenversicherung (Sonderbeitrag: 0,9 % × 100 %)	32,65 €	
./. Pflegeversicherung (2,05 % × 50 %)	37,18 €	
./. Pflegeversicherung (Zuschlag: 0,25 % × 100 %)	9,07 €	
= Nettolohn	**2 157,91 €**	1,0 P
./. VL	40,00 €	
./. Vorschuss	250,00 €	
./. Verrechnung Personalkauf	166,60 €	
= Auszahlungsbetrag	1 701,31 €	1,0 P

HINWEIS:

AG-Anteil Sozialversicherung inkl. Umlagen = 769,21 €.

Buchungen:

a)	Gehälter	3 600,50 €				**1,0 P**
	AG-Anteil VL	27,00 €				
			an	Verbindl. LSt/KiSt/SolZ	728,68 €	**0,5 P**
			an	Verbindl. soz. Sicherheit	740,91 €	**0,5 P**
			an	Verbindl. VL	40,00 €	**0,5 P**
			an	Forderungen gegen Personal	250,00 €	**0,5 P**
			an	Umsatzerlöse	140,00 €	**1,0 P**
			an	Umsatzsteuer	26,60 €	**0,5 P**
			an	Verbindl. Lohn/Gehalt	1 701,31 €	**0,5 P**
b)	Ges. soz. Aufwand	769,21 €	an	Verbindl. soz. Sicherheit	769,21 €	**1,0 P**

2. Aufgabe (7,5 Punkte)

a)

1. *Rechnung des Lieferanten:*

Wareneingang	28 500 €			
Vorsteuer	5 415 €	an	Verbindl. aus LuL	33 915 €
				1,5 P

2. *Rechnung der Spedition Müller:*

Bezugskosten	948,90 €			
Leergut	1 200,00 €			
Vorsteuer	381,22 €	an	Verbindl. aus LuL	2 530,12 €
				2,0 P

3. *Gutschrift Handelsvertreter:*

Bezugskosten	712,50 €			
Vorsteuer	135,38 €	an	Verbindl. aus LuL	847,88 €
				1,5 P

4. *Zinsen:*

Zinsaufwendungen	570 €	an	Bank	570 €
				1,0 P

b) *Rückgabe des Containers:*

Verbindl. aus LuL	1 428 €	an	Leergut	1 200 €
		an	Vorsteuer	228 €
				1,5 P

3. Aufgabe (6,0 Punkte)

a) *Anzahlung vom 3. 4.:*

Anzahlungen auf Maschinen	34 800 €	an	Bank	34 800 €
				1,0 P

Anzahlung vom 18. 4.:

Anzahlungen auf Maschinen	5 000 €			
Vorsteuern	950 €	an	Bank	5 950 €
				1,5 P

Anzahlung vom 30. 4.:

Anzahlungen auf Maschinen	6 960 €	an	Bank	6 960 €
				1,0 P

b) *Endrechnung:*

Maschinen	70 000 €			
Vorsteuern	12 350 €	an	Anzahlungen auf Maschinen	46 760 €
		an	Verbindl.	35 590 €
				2,5 P

4. Aufgabe (6,0 Punkte)

1. *Darlehensauszahlung:*

Bank	47 500 €			
Disagio	2 500 €	an	Darlehensschuld	50 000 €
				2,5 P

2. *Zinszahlung (31. 10.):*

Zinsaufwand	750 €	an	Bank	750 €
				1,0 P

3. *Beim Jahresabschluss (31. 12.):*

a)	Zinsaufwand	250 €	an	sonstige Verbindl.	250 €
					1,0 P
b)	Zinsaufwand	333,33 €	an	Disagio	333,33 €
					1,5 P

5. Aufgabe (3,0 Punkte)

Der **Wareneinsatz** ist zu hoch, **1,0 P**

der **Rohgewinn** ist zu niedrig, **1,0 P**

der **Reingewinn** mindert sich mit oder ohne Buchung. **1,0 P**

6. Aufgabe (7,0 Punkte)

a) *Ermittlung Wareneinsatz:*

Warenbestand 1. 1.	60 000 €	
+ Wareneingang	440 000 €	
+ Warenbezugskosten	10 000 €	
./. Rücksendungen an Lieferanten	8 000 €	
./. Warenbestand 31. 12.	80 000 €	
= Wareneinsatz	422 000 €	**3,0 P**

b) *Ermittlung Rohgewinn:*

Verkaufserlöse	653 000 €	
./. Preisnachlässe für Kunden	20 000 €	
./. Wareneinsatz	422 000 €	
= Rohgewinn	211 000 €	**1,5 P**

c) *Ermittlung Reingewinn:*

Rohgewinn	211 000 €	
./. sonstige Betriebsausgaben	124 000 €	
= Reingewinn	87 000 €	**1,0 P**

d) *Ermittlung des Kalkulationszuschlags:*

$$\frac{\text{Rohgewinn x 100}}{\text{Wareneinsatz}} = \frac{211\,000 \text{ x } 100}{422\,000} = 50\,\%$$ **1,5 P**

III. Steuerwesen (39,5 Punkte)

1. Aufgabe (4,0 Punkte)

		Frist		verlängerbar	
		gesetzlich	behördlich	ja	nein
1)	Einspruchsfrist	X			X
2)	Abgabefrist Einkommensteuererklärung	X		X	
3)	Stundungsfrist		X	X	
4)	Zahlungsfrist Umsatzsteuer-Zahllast	X			X

jeweils 0,5 P je richtig gesetztem Kreuz

2. Aufgabe (6,0 Punkte)

Berechnung der Einspruchsfrist:

Bescheid zur Post am	18. 3. 2015	**0,5 P**
Bekanntgabe (+ 3 Tage)	21. 3. 2015 (Samstag)	**0,5 P**
Beginn der Einspruchsfrist	24. 3. 2015, 0.00 Uhr (bzw. mit Ablauf des 23. 3. 2015)	**0,5 P**
Ende der Einspruchsfrist	23. 4. 2015, 24.00 Uhr (Donnerstag)	**0,5 P**

Die Einlieferung ins Krankenhaus erfolgte am 30. 3. 2015, damit vor Ende der Einspruchsfrist. Wiedereinsetzung in den vorigen Stand ist demnach möglich. **1,0 P**

Berechnung der Wiedereinsetzungsfrist:

Entlassung aus dem Krankenhaus = Wegfall des Hindernisses	25. 4. 2015	**0,5 P**
Beginn der Wiedereinsetzungsfrist	26. 4. 2015, 0.00 Uhr (bzw. mit Ablauf des 25. 4. 2015)	**0,5 P**
Ende der Wiedereinsetzungsfrist	25. 5. 2015, 24.00 Uhr	**0,5 P**
	= (Pfingstmontag, Fristende daher 26. 5. 2015, 24.00 Uhr)	**0,5 P**

Am 31. 5. 2015 sind sowohl die Einspruchsfrist als auch die Frist für einen Antrag auf Wiedereinsetzung in den vorigen Stand verstrichen. Ein Einspruch kann daher nicht mehr fristgerecht eingelegt werden und wäre unzulässig. **1,0 P**

ERGÄNZENDE HINWEISE:

§ 108 Abs. 3 AO findet auch auf die Dreitage-Regelung nach § 122 Abs. 2 Nr. 1 AO Anwendung. Daher verschiebt sich die Bekanntgabe auf den 23. 3. 2015, den nächstfolgenden Werktag.

Wiedereinsetzung in den vorigen Stand ist möglich, denn eine

- gesetzliche Frist (Einspruchsfrist) wurde
- ohne Verschulden versäumt (Krankenhausaufenthalt nach akuter Erkrankung).

Der Antrag auf Wiedereinsetzung und/oder die Nachholung der versäumten Handlung (Einlegung des Einspruchs) muss binnen Monatsfrist (ab Wegfall des Hindernisses = Entlassung aus dem Krankenhaus) erfolgen (§ 110 AO).

3. Aufgabe (7,0 Punkte)

Art des Umsatzes		steuerbar		Bemessungsgrundlage	Umsatzsteuer
		ja	nein		
a)	Lieferung	X		84,03 €	15,97 €
b)	Sonstige Leistung	X	X	472,00 €	89,68 €
c)	Lieferung		X	450,00 €	0,00 €
d)	Sonstige Leistung	X	X	1 200,00 €	228,00 €

4,0 P

Begründung:

zu b): Durchlaufende Posten (Gerichtskosten) sind nicht Gegenstand der erbrachten Leistung. **1,0 P**

zu c): Die Veräußerung des Gemäldes erfolgte nicht im Rahmen des Unternehmens. **1,0 P**

zu d): Die vereinnahmten Verzugszinsen sind echter Schadenersatz. **1,0 P**

4. Aufgabe (16,5 Punkte)

Beleg 1

Einkünfte aus nichtselbständiger Arbeit, § 19 Abs. 1 Nr. 1 und 2 EStG		**1,0 P**
Steuerpflichtiger Bruttoarbeitslohn (§ 19 Abs. 1 Nr. 1 EStG)	9 000 €	
./. Werbungskosten, mindestens Pauschbetrag von	1 000 €	
verbleiben	8 000 €	
Versorgungsbezüge (§ 19 Abs. 1 Nr. 2 EStG)	7 500 €	
./. Versorgungsfreibetrag		
Monatsbetrag 833,33 € x 12 x 25,6 %, max. 1 920 € x 9/12	1 440 €	
./. Zuschlag zum Versorgungsfreibetrag		
höchstens 576 € x 9/12	432 €	
verbleiben	5 628 €	
./. Werbungskosten, mindestens Pauschbetrag von 102 €	102 €	
verbleiben	5 526 €	**3,0 P**
Einkünfte aus nichtselbständiger Arbeit	13 526 €	**0,5 P**

Beleg 2

Sonstige Einkünfte, § 22 Nr. 1a EStG			**1,0 P**
Einnahmen:			
9 Monate x 1 875 € =	16 875 €		**1,0 P**
Besteuerungsanteil	68 %	11 475 €	**2,0 P**
./. Werbungskosten-Pauschbetrag		102 €	**1,0 P**
Sonstige Einkünfte, § 22 Nr. 1a EStG		11 373 €	

Beleg 3

Einkünfte aus selbständiger Tätigkeit, § 18 Abs. 1 Nr. 3 EStG	2 500 €	**2,0 P**

Beleg 4a und 4b

Die Einkünfte aus Kapitalvermögen unterliegen der Abgeltungsteuer von 25 % und müssen demnach in die Berechnung des zu versteuernden Einkommens nicht einbezogen werden (§ 43 Abs. 5 EStG). Der Mandant kann jedoch die Einbeziehung der Kapitalerträge in seine Veranlagung beantragen (§ 32d Abs. 4 EStG).

5,0 P

Im Zuge einer »Günstigerprüfung« würden sich folgende Einkünfte aus Kapitalvermögen ergeben, § 20 EStG i.V. mit § 32d Abs. 4 EStG:

Einnahmen:

Kapitalerträge Sparkasse Essen	1 050 €
Zinsen Mietkonto	4 432 €
Summe der Einnahmen	5 482 €
./. Sparer-Pauschbetrag (§ 20 Abs. 9 EStG)	801 €
Einkünfte aus Kapitalvermögen, § 20 EStG	4 681 €

5. Aufgabe (6,0 Punkte)

Mit der Vermietung der Wohnung im 1. Obergeschoss erzielt Gärtner Einkünfte aus Vermietung und Verpachtung gem. § 21 Abs. 1 Nr. 1 EStG, da die Wohnung zum Privatvermögen gehört.

Einnahmen:			
650 € x 12 Monate =		7 800 €	**0,5 P**
Werbungskosten			
Hypothekenzinsen	21 840 €		**0,5 P**
Gebäudeversicherung	421 €		**0,5 P**
Grundsteuer	1 650 €		**0,5 P**
sonstige Grundstücksaufwendungen	9 660 €		**0,5 P**

Abschreibung			
520 000 € ./. 15 % = 442 000 €			
442 000 € x 2 % =	8 840 €		**2,0 P**
Kosten, das gesamte Haus betreffend	42 411 €		
davon entfallen auf den vermieteten Teil $^1/_3$ = Werbungskosten		14 137 €	**1,0 P**
Erhaltungsaufwand I. OG		850 €	**0,5 P**
Einkünfte aus Vermietung und Verpachtung 2014		./. 7 187 €	

ERGÄNZENDER HINWEIS:

Die auf das zu eigenbetrieblichen Zwecken genutzte Erdgeschoss entfallenden Kosten von (42 411 € x $^1/_3$=) 14 137 € sind als Betriebsausgaben bei den Einkünften aus Gewerbebetrieb (Verkauf von Gartenbedarf) zu berücksichtigen.

Die verbleibenden, auf das II. Obergeschoss entfallenden Aufwendungen sind als Kosten privater Lebensführung steuerlich nicht abzugsfähig (§ 12 Nr. 1 EStG).

Die direkte Ermittlung der anteilig auf den vermieteten Gebäudeteil entfallenden Aufwendungen (z. B. Gebäudeversicherung 421 € x abzugsfähiger Teil $^1/_3$= anzusetzen 140 €) gilt ebenfalls als richtige Lösung.

Klausur 3: Aufgaben

I. Wirtschafts- und Sozialkunde (20,0 Punkte)

1. Aufgabe (2,0 Punkte)

Geben Sie an, von welcher Einrichtung die nachstehenden Leistungen gewährt werden.

1. Deutsche Rentenversicherung Bund
2. Bundesagentur für Arbeit
3. Gesetzliche Krankenkasse
4. Berufsgenossenschaft

Tragen Sie *„keine"* ein, wenn die Leistung durch keine der hier aufgeführten Institutionen gewährt wird.

a) Übernahme der Kosten für einen Krankenhausaufenthalt nach einem Arbeitsunfall.
b) Zahlung von Zuschüssen an die Betriebe zur Schaffung von Arbeitsplätzen.
c) Zahlung von Leistungen zur Sicherung des Lebensunterhalts von Langzeitarbeitslosen.
d) Zahlung von Altersruhegeld.

2. Aufgabe (6,0 Punkte)

Martina Horstmann ist Chefsekretärin bei der Firma Eisen-Träger in Münster.

Sie ist im dritten Monat schwanger und übergibt ihrem Arbeitgeber eine ärztliche Bescheinigung, in der die Schwangerschaft bestätigt wird. Der voraussichtliche Entbindungstermin wird der 1. 10. 2014 sein.

AUFGABEN:

a) Wann beginnt für Martina Horstmann die Mutterschutzfrist? Geben Sie die Dauer der Frist und den Fristbeginn an.
b) Wann endet die gesetzliche Mutterschutzfrist, wenn das Kind nicht am 1. 10. 2014, sondern am 6. 10. 2014 geboren würde? Geben Sie die Dauer der Frist und das genaue Datum an.
c) Welche Stelle ist für die Zahlung des Mutterschaftsgeldes zuständig?
d) Besteht für Martina Horstmann die Möglichkeit, freiwillig innerhalb der Mutterschutzfrist weiter zu arbeiten?

Auszug aus dem Kalender 2014:

Juli 2014								August 2014								September 2014							
KW	MO	DI	MI	DO	FR	SA	SO	KW	MO	DI	MI	DO	FR	SA	SO	KW	MO	DI	MI	DO	FR	SA	SO
27		1	2	3	4	5	**6**	31					1	2	**3**	36	1	2	3	4	5	6	**7**
28	7	8	9	10	11	12	**13**	32	4	5	6	7	8	9	**10**	37	8	9	10	11	12	13	**14**
29	14	15	16	17	18	19	**20**	33	11	12	13	14	15	16	**17**	38	15	16	17	18	19	20	**21**
30	21	22	23	24	25	26	**27**	34	18	19	20	21	22	23	**24**	39	22	23	24	25	26	27	**28**
31	28	29	30	31				35	25	26	27	28	29	30	31	40	29	30	1.Okt.				

Oktober 2014								November 2014								Dezember 2014							
KW	MO	DI	MI	DO	FR	SA	SO	KW	MO	DI	MI	DO	FR	SA	SO	KW	MO	DI	MI	DO	FR	SA	SO
40			1	2	**3**	4	**5**	44						1	**2**	49	1	2	3	4	5	6	**7**
41	6	7	8	9	10	11	**12**	45	3	4	5	6	7	8	**9**	50	8	9	10	11	12	13	**14**
42	13	14	15	16	17	18	**19**	46	10	11	12	13	14	15	**16**	51	15	16	17	18	19	20	**21**
43	20	21	22	23	24	25	**26**	47	17	18	19	20	21	22	**23**	52	22	23	24	**25**	**26**	27	**28**
44	27	28	29	30	**31**			48	24	25	26	27	28	29	**30**	01	29	30	31				

3. Aufgabe (5,0 Punkte)

Die Eltern der 16-jährigen Gaby Kowalsky erhalten von der Fahrradhandlung Eckrodt folgenden Brief:

Fa. Walter Eckrodt
Fahrrad-Fachgeschäft
Königsallee 84, 33739 Bielefeld

Herrn und Frau
Udo und Marie Kowalsky
Teutoburger Str. 22a
33604 Bielefeld

Bielefeld, 30. 1. 2015

Kaufvertrag Ihrer Tochter Gaby vom 29. 1. 2015

Sehr geehrte Frau Kowalsky,
sehr geehrter Herr Kowalsky,

Ihre Tochter Gaby hat sich in meinem Fachgeschäft ein Mountain-Bike *Marke „Skyscraper" zum Preis von 850 € (einschl. USt)* ausgesucht und mit mir darüber einen Kaufvertrag abgeschlossen.

Leider habe ich erst nach Vertragsabschluss erfahren, dass Ihre Tochter noch nicht volljährig ist. Deshalb bitte ich nachträglich, dem o. a. Kaufvertrag innerhalb der nächsten 14 Tage zuzustimmen.

Mit freundlichem Gruß
Eckrodt

AUFGABEN:

a) Beurteilen Sie die Rechtswirkung des Kaufvertrags vor Genehmigung der Eltern.

b) Welche Rechtsfolgen ergeben sich, wenn die Eltern dem abgeschlossenen Kaufvertrag nicht zustimmen?

c) Würde die rechtliche Beurteilung des Kaufvertrags anders ausfallen, wenn Gaby von ihren Eltern zum Geburtstag ein entsprechender Geldbetrag geschenkt und zur freien Verfügung überlassen worden wäre?

4. Aufgabe (3,0 Punkte)

Geben Sie bei den folgenden Sachverhalten die jeweilige Vertragsart an:

Sachverhalt		Vertragsart
a)	Die Steuerberater Werner Wolf, Oskar Neumann und Udo Kreutzer schließen sich zu einer Steuerberatersozietät zusammen.	
b)	Die Ruhrgas AG stellt Ewald Berger als Buchhalter ein.	
c)	Rainer Dahlmann überlässt seinem Bruder Wolfgang unentgeltlich sein Wohnmobil für einen 14-tägigen Urlaub in Südtirol. Das Fahrzeug wird anschließend zurückgegeben.	
d)	Daniel Tegeler lässt seinen PKW von einem Kfz-Fachbetrieb reparieren.	
e)	Brigitte Westphal lässt sich vom Juwelier Wegmann einen Ring nach eigenem Entwurf fertigen.	
f)	Vera Möllmann ist stark erkältet und borgt sich von ihrer Freundin Cornelia eine Packung Papiertaschentücher. Am nächsten Tag gibt sie ihrer Freundin eine neue Packung zurück.	

5. Aufgabe (4,0 Punkte)

Entscheiden Sie bei den folgenden Sachverhalten,

a) in welches Rechtsgebiet sie fallen *oder* in welchen Einzelgesetzen Regelungen zu finden sind,

b) ob es sich bei den Gesetzen um öffentliches oder privates Recht handelt.

Sachverhalt		Rechtsgebiet/ Einzelgesetz	öffentliches oder privates Recht
a)	Werner Köster kauft von Eva Fischer ein Einfamilienhaus. Der Notar Dr. Bernsmann beurkundet den Kaufvertrag.		
b)	Werner Köster ist mit seinem Pkw geblitzt worden. Wegen Überschreitung der zulässigen Höchstgeschwindigkeit soll er 60 € an die Bußgeldstelle der Stadt Köln zahlen.		
c)	Werner Köster erhält von dem für ihn zuständigen Finanzamt Münster-Innenstadt einen ESt-Bescheid. Es ergibt sich eine Nachzahlung von 825 €.		
d)	Werner Köster gründet mit seinem Bruder Sven ein Schnellrestaurant in der Rechtsform einer KG, die ins Handelsregister eingetragen wird.		

II. Rechnungswesen (38,0 Punkte)

1. Aufgabe (6,0 Punkte)

Aus der Buchführung Ihres Mandanten Peter Pieper, der in Essen einen Groß- und Einzelhandel mit Baumaterial betreibt, ergeben sich für das vergangene Wirtschaftsjahr (= Kj.) folgende Zahlenwerte:

► Warenbestand zum 1. 1.	65 300 €
► Wareneingang (netto)	825 400 €
► Rücksendungen an Lieferanten (netto)	15 700 €
► Bezugskosten (netto)	8 230 €
► Verkaufserlöse (netto)	938 800 €
► Warenbestand lt. Inventur zum 31. 12.	64 500 €
► übrige betriebliche Aufwendungen lt. GuV	44 800 €

AUFGABEN:

Ermitteln Sie

a) den Wareneinsatz,

b) den Rohgewinn,

c) den Reingewinn.

2. Aufgabe (4,0 Punkte)

Der Mandant Michael Herrmann, Groß- und Einzelhandel mit Eisenwaren, ist buchführungspflichtig. Er versteuert seine Umsätze nach vereinbarten Entgelten. Beurteilen Sie, wie sich die folgenden Geschäftsvorfälle in 2014 auf die Umsatzsteuer bzw. auf die Vorsteuer auswirken. Kreuzen Sie Ihre Lösung im folgenden Lösungsschema an.

Geschäftsvorfälle		Umsatzsteuer		Vorsteuer		keine Auswirkung
		erhöh.	mind.	erhöh.	mind.	
a)	Einkauf von Büromaterial für 80 € zzgl. 19 % USt					
b)	Kaufpreiserstattung an einen Kunden in bar.					
c)	Abschreibung der Ladeneinrichtung.					
d)	Ein Kunde überweist einen Rechnungsbetrag unter Abzug von 3 % Skonto.					
e)	Gutschrift eines Lieferanten für an ihn zurückgesandte Ware.					
f)	Zielverkauf von Waren.					
g)	Gutschriftanzeige an einen Kunden wegen einer Mängelrüge.					
h)	Überweisung der USt-Zahllast an das Finanzamt.					

3. Aufgabe (5,0 Punkte)

Stellen Sie fest, ob die folgenden Personen nach der **Abgabenordnung** buchführungspflichtig sind. Begründen Sie Ihre Lösung unter Angabe der Rechtsvorschrift und ggf. unter Angabe der Wertgrenze.

a) Elektromeister Theo Petry führt in Essen einen Elektro-Installationsbetrieb. Sein Betrieb ist nicht im Handelsregister eingetragen, weil sein Betrieb keinen in kaufmännischer Weise eingerichteten Geschäftsbetrieb erfordert. Er erzielt nur einen Jahresumsatz von ca. 20 000 € und einen Gewinn von etwa 3 500 €.

b) Apotheker Dr. Hirsch betreibt die Hirsch-Apotheke in Gütersloh. Der Betrieb ist im Handelsregister eingetragen. Der Jahresumsatz liegt bei 510 000 € (Vorjahr: 600 000 €) und sein Gewinn bei 65 000 € (Vorjahr: 70 000 €).

c) Zahnarzt Dr. Wegner betreibt seine Praxis in Bochum. Bei einem Jahresumsatz von 255 000 € erzielt er einen Gewinn von 110 000 €.

4. Aufgabe (6,0 Punkte)

Mandant Horst Weingärtner, Metallbaubetrieb in Recklinghausen, hat für seinen Betrieb Flaschengas zum Schweißen gekauft. Buchen Sie für Ihren Mandanten die untenstehenden Belege für Januar bzw. Februar.

Beleg a)

Thyssengas GmbH

Thyssengas GmbH, Duisburger Str. 277, 47166 Duisburg
Firma
Horst Weingärtner
Nonnenerlen 12
45661 Recklinghausen

Bankverbindung:
Commerzbank
IBAN: DE21480333400000284711

Duisburg, 23. 1. 2014

Rechnung Nr. 1222/14

Wir lieferten Ihnen am 23. 1. 2014 per Lkw:

Warenart	Menge	Preis/kg	gesamt
Sauerstoff	420 kg	5,82 €	2 444,40 €
Wasserstoff	125 kg	3,48 €	435,00 €
			2 879,40 €
		19 % USt	547,09 €
		Rechnungsbetrag	3 426,49 €

Zahlungsbedingungen:
Bei Zahlung innerhalb von 10 Tagen nach Lieferung 2 % Skonto,
danach zahlbar ohne Abzug.

Beleg b)

Sparkasse Recklinghausen	**Kontoauszug Nr. 29 v. 5. 2. 2014**	**Blatt 1**
Text	Wert	Umsatz
Kontostand 31. 1. 14		23 556,40 S
Überweisung Thyssengas GmbH	2. 2.	3 357,96 S
	Kontostand neu	26 914,36 S
Fa. Horst Weingärtner	IBAN: DE08440695000232346 6	

5. Aufgabe (3,0 Punkte)

Baustoffhändler Wortmann aus Bielefeld hat bei der Dachdecker-Einkaufsgenossenschaft am 22. 1. 2014 Dachpfannen und Dachpappe bezogen. Die Rechnung vom 23. 2. über 25 000 € zzgl. 19 % USt hat er am 8. 3. unter Abzug von 2 % Skonto per Banküberweisung beglichen.

Am 15. 3. geht beim Mandanten von der Dachdecker-Einkaufsgenossenschaft eine Lastschrift über 500 € zzgl. 95 € USt ein, weil nach den Zahlungsbedingungen der Genossenschaft ein Skontoabzug nur bei Zahlung innerhalb von zehn Tagen gewährt wird.

Buchen Sie die Lastschrift für den Mandanten Wortmann.

6. Aufgabe (10,0 Punkte)

Max Grünzweig betreibt in Gelsenkirchen einen Möbel-Einzelhandel unter der Firma „Einrichtungshaus Grünzweig". Sein Wirtschaftsjahr stimmt mit dem Kalenderjahr überein. Seine Umsätze sind sämtlich mit 19 % steuerpflichtig und werden nach vereinbarten Entgelten versteuert.

Buchen Sie die folgenden Geschäftsvorfälle. Stellen Sie dabei die Höhe der Gewinnauswirkung der Buchung fest.

Die erforderlichen Belege liegen vor und entsprechen den Vorschriften des Umsatzsteuergesetzes.

a) Einkauf von zehn Polstergarnituren Modell „Barock" auf Ziel:

Warenwert	18 300 €
+ 19 % Umsatzsteuer	3 477 €
insgesamt	21 777 €

Konto	Soll €	Haben €	Gewinn +/./. €

b) Aufgrund mangelhafter Verarbeitung der Polsterung hat der Mandant vom Hersteller der Polstermöbel einen Preisnachlass erhalten. Die Gutschrift beträgt 2 177,70 € auf den Rechnungspreis.

Konto	Soll €	Haben €	Gewinn +/./. €

c) Anfang März bezahlt der Kunde Wehmeyer eine Rechnung aus Februar über 6 496 € unter Abzug von 3 % Skonto. Die Bankgutschrift betrug 6 301,12 €.

Konto	Soll €	Haben €	Gewinn +/./. €

d) Im April werden bei einem Einbruch in die Geschäftsräume Waren im Werte von 28 400 € gestohlen. Buchung des Buchhalters:

sonstiger betriebl. Aufwand	28 400 €	an	Wareneingang	28 400 €

Im Juni überweist die Versicherung zur Regulierung des Schadens nur 24 600 €, weil der Warenbestand unterversichert war.

Konto	Soll €	Haben €	Gewinn +/./. €

7. Aufgabe (4,0 Punkte)

Mandant Holger Meissner hat am 8. 1. 2015 für sein Spielwarengeschäft Inventur gemacht und dabei den Warenbestand zutreffend mit 128 100 € ermittelt. In der Zeit vom 2. bis 7. 1. 2015 hat er nach den vorliegenden Einkaufsrechnungen Waren für 2 380 € einschließlich 19 % USt eingekauft. Im gleichen Zeitraum hat er lt. Kassenberichtszetteln Waren für 9 758 € einschließlich 19 % USt verkauft. Der Mandant kalkuliert mit einem Zuschlag von 100 %.

AUFGABE:

Ermitteln Sie in einer übersichtlichen Berechnung den Warenbestand zum Bilanzstichtag 31. 12. 2014.

III. Steuerwesen (42,0 Punkte)

1. Aufgabe (4,0 Punkte)

Bitte prüfen Sie bei den folgenden Sachverhalten, ob es sich um Steuerverwaltungsakte handelt. Sollte kein Steuerverwaltungsakt vorliegen, geben Sie bitte auch das jeweils fehlende Merkmal an.

Sachverhalt		Steuerverwaltungsakt	
		Ja	Nein (fehlendes Merkmal)
1)	Versand eines Erbschaftsteuerbescheids durch das Finanzamt an Ihren Mandanten Erich Erbe.		
2)	Der Geschäftsstellenleiter des Finanzamts bestellt 20 Bürotische für den Sitzungssaal.		
3)	Rudi Redlich, Sachbearbeiter beim Finanzamt Nürnberg-Süd, gewährt Ihnen telefonisch Fristverlängerung zur Abgabe der Steuererklärung Ihres Mandanten Schlampig.		
4)	Das Finanzgericht weist eine Klage als unbegründet ab.		

2. Aufgabe (4,0 Punkte)

Rolf Rührig ist Gastwirt und als solcher beruflich sehr eingespannt. Deshalb ist er bisher nicht dazu gekommen, die Buchungsbelege für April 2015 zusammen zu stellen.

Er fragt Sie nun, bis wann die Umsatzsteuer-Voranmeldung April 2015 und die Zahlung beim Finanzamt (unter Ausnutzung der Schonfrist) spätestens eingehen müssen (Dauerfristverlängerung wurde nicht beantragt).

Auszug aus dem Kalender 2015

	April	Mai	Juni	Juli
Mo	**6** 13 20 27	4 11 18 **25**	1 8 15 22 29	6 13 20 27
Di	7 14 21 28	5 12 19 26	2 9 16 23 30	7 14 21 28
Mi	1 8 15 22 29	6 13 20 27	3 10 17 24	1 8 15 22 29
Do	2 9 16 23 30	7 **14** 21 28	**4** 11 18 25	2 9 16 23 30
Fr	**3** 10 17 24	**1** 8 15 22 29	5 12 19 26	3 10 17 24 31
Sa	4 11 18 25	2 9 16 23 30	6 13 20 27	4 11 18 25
So	5 12 19 26	3 10 17 24 31	7 14 21 28	5 12 19 26

Karfreitag 3. April, Ostermontag 6. April, Maifeiertag 1. Mai, Christi Himmelfahrt 14. Mai, Pfingstmontag 25. Mai, Fronleichnam 4. Juni

3. Aufgabe (10,0 Punkte)

Theresa Möhlmann ist Inhaberin der Firma *„Einrichtungshaus Möhlmann"* in Braunschweig. Die Firma versteuert ihre Umsätze nach den allgemeinen Vorschriften des Umsatzsteuergesetzes. Voranmeldungszeitraum ist der Kalendermonat.

Im Juli 2015 ereigneten sich folgende Geschäftsvorfälle, bei deren steuerlichen Behandlung sich die Mandantin unsicher ist:

a) Frau Möhlmann hat die Kücheneinrichtung „Arosa" aus ihren Ausstellungsräumen ihrer Schwester und ihrem Schwager zur Silberhochzeit geschenkt. Die Küche hatte sie vor zwei Jahren für 9 800 € zzgl. 19 % USt vom Hersteller erworben und mit 15 200 € zum Verkauf ausgezeichnet. Im Juli 2015 hatte das Herstellerwerk die Abgabepreise für dieses Modell um 20 % erhöht.

b) Ein Schreibtisch „Bonanza" wurde dem Lager entnommen und im Büro von Frau Möhlmann aufgestellt. Der Einkaufspreis (netto) betrug im April 2015 1 850 €, der Verkaufspreis hätte 2 700 € einschl. USt betragen. Der Abgabepreis des Herstellers ist unverändert.

c) Die Telefonrechnung der Firma für Juli 2015 beläuft sich auf 595 € einschließlich der gesondert ausgewiesenen USt. Der Privatanteil an den Telefonkosten ist mit 10 % zu berücksichtigen.

d) Die Firma hat unter Angabe ihrer UStId-Nr. die Sitzgruppe „Milano" von einem italienischen Hersteller steuerfrei für 3 300 € erworben.

Tragen Sie die Auswirkungen dieser Sachverhalte auf die für Juli 2015 abzugebende Umsatzsteuervoranmeldung in die Tabelle ein.

Art des Umsatzes		Auswirkung auf die	
		Umsatzsteuer	Vorsteuer
a)			
b)			
c)			
d)			

4. Aufgabe (12,0 Punkte)

Markus Miethai ist Eigentümer eines Wohn- und Geschäftshauses in Düsseldorf. Die Geschossflächen der insgesamt vier Etagen sind mit jeweils 140 m² gleich groß und werden wie folgt genutzt:

Erdgeschoss:	Büro Markus Miethai, Versicherungsagentur (Gewinnermittlung nach § 4 Abs. 3 EStG).
1. Obergeschoss:	Markus Miethai, eigene Wohnzwecke.
2. und 3. Obergeschoss:	Vermietung zu Wohnzwecken (je Geschoss zwei Wohnungen).

Die Mieter zahlen monatlich 7 €/m², eine Umlage für Nebenkosten i. H. von monatlich 2 €/m². Die Miete für den Pkw-Stellplatz beträgt 45 € monatlich (je Wohnung).

Miethai hatte das Haus (Herstellung 1985) in 2003 für 610 000 € gekauft. Vom Kaufpreis entfallen 115 900 € auf den Grund und Boden.

Folgende Aufwendungen sind Miethai in 2014 (nachweislich) entstanden:

Hypothekenzinsen	16 420 €
Darlehenstilgung	5 250 €
Grundsteuer	1 430 €
Müllabfuhr und Straßenreinigung	750 €
Gebäudeversicherungen	926 €
Allgemeinstrom (Treppenhaus, Tiefgarage)	170 €
Malerarbeiten (Treppenhaus)	2 460 €
Malerarbeiten (Erdgeschoss)	3 626 €
Einbau einer neuen Etagenheizung (2. Obergeschoss)	1 420 €
Beiträge Haus und Grund	110 €
sonstige Verwaltungskosten	480 €

AUFGABE:

Ermitteln Sie für Markus Miethai in einer übersichtlichen Darstellung die Einkünfte aus Vermietung und Verpachtung für das Jahr 2014. Miethai möchte kein gewillkürtes Betriebsvermögen bilden.

5. Aufgabe (6,0 Punkte)

Elke Ekel aus Erwitte erscheint in Ihrem Büro und teilt Ihnen Folgendes mit:

„Seit zwei Jahren bin ich geschieden. Von meinem Ex-Ehemann Erwin erhalte ich monatlich 1 780 € Unterhalt, 600 € davon für unsere gemeinsame Tochter Evelyn.

Im Frühjahr 2015 erhielt ich folgendes Schreiben von Erwin …“

Erwin Ekel Essen, den 12. 4. 2015

Hallo Elke,

kurz vor Antritt einer Dienstreise habe ich leider nur wenig Zeit, daher erlaube mir hiermit in aller Kürze folgende Bitte zu äußern.

Zur Erstellung meiner Steuererklärung für 2014 benötigt mein Steuerberater kurzfristig von Dir eine Unterschrift auf der beiliegenden sog. Anlage U. Bitte sende mir das unterschriebene Formular schnellstmöglich wieder zurück.

Vielen Dank schon einmal.

Bis bald

Erwin

Frau Ekel möchte von Ihnen wissen, ob sich durch die Unterzeichnung der Anlage U einkommensteuerrechtliche Folgen für sie ergeben. Geben Sie bei Ihrer Auskunft auch die Rechtsgrundlagen an und führen Sie eventuell erforderliche Berechnungen durch.

6. Aufgabe (6,0 Punkte)

Mandant Weber hat im Februar 2005 (= Datum der Fertigstellung) eine Eigentumswohnung in Wolfsburg erworben (Kaufvertrag: November 2004). Die Wohnung wird seit dem zu Wohnzwecken vermietet (kein Betriebsvermögen). Vom Kaufpreis i. H. von 122 500 € entfallen 15 % auf den anteiligen Grund und Boden. Die Anschaffungsnebenkosten haben 4 % des Kaufpreises betragen.

AUFGABE:

Bitte ermitteln Sie die höchstmögliche Gebäude-Abschreibung für das Jahr 2014.

Klausur 3: Lösungen

I. Wirtschafts- und Sozialkunde (20,0 Punkte)

1. Aufgabe (2,0 Punkte)

a) Übernahme der Kosten für einen Krankenhausaufenthalt nach einem Arbeitsunfall:
Berufsgenossenschaft **0,5 P**

b) Zahlung von Zuschüssen an die Betriebe zur Schaffung von Arbeitsplätzen:
Bundesagentur für Arbeit **0,5 P**

c) Zahlung von Leistungen zur Sicherung des Lebensunterhalts an Langzeitarbeitslose:
Bundesagentur für Arbeit **0,5 P**

d) Zahlung von Altersruhegeld:
Deutsche Rentenversicherung Bund **0,5 P**

2. Aufgabe (6,0 Punkte)

a) Die Mutterschutzfrist beginnt sechs Wochen vor dem voraussichtlichen Entbindungstermin. **1,0 P**
Die Frist beginnt also am 20. 8. 2014. **1,0 P**

b) Die gesetzliche Mutterschutzfrist endet acht Wochen nach der Geburt. **1,0 P**
Die Frist endet damit am 1. 12. 2014. **1,0 P**

c) Das Mutterschaftsgeld zahlt die Krankenkasse aus. **1,0 P**

d) Frau Horstmann kann freiwillig in den letzten sechs Wochen vor der Geburt weiter arbeiten. **1,0 P**

HINWEIS:

Nach der Geburt besteht innerhalb der ersten acht Wochen ein Beschäftigungsverbot.

3. Aufgabe (5,0 Punkte)

a) Der abgeschlossene Kaufvertrag ist schwebend unwirksam (§ 108 BGB). **1,0 P**
Tochter Gaby ist nur beschränkt geschäftsfähig (§ 107 BGB). **1,0 P**

b) Ohne Genehmigung bleibt der Kaufvertrag unwirksam (§ 108 BGB). **1,5 P**

c) Der Kaufvertrag wäre von Anfang an uneingeschränkt wirksam gewesen, weil die Eltern Gaby das Geld zur freien Verfügung überlassen haben (§ 110 BGB, sog. „Taschengeldparagraf“). **1,5 P**

4. Aufgabe (3,0 Punkte)

Geben Sie bei den folgenden Sachverhalten die jeweilige Vertragsart an:

Sachverhalt		Vertragsart
a)	Die Steuerberater Werner Wolf, Oskar Neumann und Udo Kreutzer schließen sich zu einer Steuerberatersozietät zusammen.	Gesellschafts-/ Partnerschaftsvertrag **0,5 P**
b)	Die Ruhrgas AG stellt Ewald Berger als Buchhalter ein.	Dienst-/Arbeitsvertrag **0,5 P**
c)	Rainer Dahlmann überlässt seinem Bruder Wolfgang unentgeltlich sein Wohnmobil für einen 14-tägigen Urlaub in Südtirol. Das Fahrzeug wird anschließend zurückgegeben.	Leihvertrag **0,5 P**
d)	Daniel Tegeler lässt seinen Pkw von einem Kfz-Fachbetrieb reparieren.	Werkvertrag **0,5 P**
e)	Brigitte Westphal lässt sich vom Juwelier Wegmann einen Ring nach eigenem Entwurf fertigen.	Werklieferungsvertrag **0,5 P**
f)	Vera Möllmann ist stark erkältet und borgt sich von ihrer Freundin Cornelia eine Packung Papiertaschentücher. Am nächsten Tag gibt sie ihrer Freundin eine neue Packung zurück.	Darlehensvertrag **0,5 P**

5. Aufgabe (4,0 Punkte)

Sachverhalt		Rechtsgebiet/ Einzelgesetz	öffentliches oder privates Recht
a)	Werner Köster kauft von Eva Fischer ein Einfamilienhaus. Der Notar Dr. Bernsmann beurkundet den Kaufvertrag.	Bürgerliches Recht (BGB) **0,5 P**	Privatrecht **0,5 P**
b)	Werner Köster ist mit seinem Pkw geblitzt worden. Wegen Überschreitung der zulässigen Höchstgeschwindigkeit soll er 60 € an die Bußgeldstelle der Stadt Köln zahlen.	Verkehrsrecht (StVO) **0,5 P**	Öffentliches Recht **0,5 P**
c)	Werner Köster erhält von dem für ihn zuständigen Finanzamt Münster-Innenstadt einen ESt-Bescheid. Es ergibt sich eine Nachzahlung von 825 €.	Steuerrecht (ESt/AO) **0,5 P**	Öffentliches Recht **0,5 P**
d)	Werner Köster gründet mit seinem Bruder Sven ein Schnellrestaurant in der Rechtsform einer KG, die ins Handelsregister eingetragen wird.	Bürgerliches Recht Handelsrecht (BGB/HGB) **0,5 P**	Privatrecht **0,5 P**

II. Rechnungswesen (38,0 Punkte)

1. Aufgabe (6,0 Punkte)

a) *Berechnung des Wareneinsatzes:*

Anfangsbestand 1. 1.	65 300 €	0,5 P
+ Wareneingang	825 400 €	0,5 P
+ Bezugskosten	8 230 €	0,5 P
./. Rücksendungen an Lieferanten	15 700 €	0,5 P
./. Warenbestand 31. 12.	64 500 €	0,5 P
Wareneinsatz	818 730 €	0,5 P

b) *Berechnung des Rohgewinns:*

Verkaufserlöse	938 800 €	0,5 P
./. Wareneinsatz	818 730 €	0,5 P
Rohgewinn	120 070 €	0,5 P

c) *Berechnung des Reingewinns:*

Rohgewinn	120 070 €	0,5 P
./. übrige betriebliche Aufwendungen	44 800 €	0,5 P
Reingewinn	75 270 €	0,5 P

2. Aufgabe (4,0 Punkte)

Geschäftsvorfälle		Umsatzsteuer		Vorsteuer		keine Auswirkungen
		erhöh.	mind.	erhöh.	mind.	
a)	Einkauf von Büromaterial für 80 € zzgl. 19 % USt.			X		
b)	Kaufpreiserstattung an einen Kunden in bar.		X			
c)	Abschreibung der Ladeneinrichtung.					X
d)	Ein Kunde überweist einen Rechnungsbetrag unter Abzug von 3 % Skonto.		X			
e)	Gutschrift eines Lieferanten für an ihn zurückgesandte Ware.				X	
f)	Zielverkauf von Waren.	X				
g)	Gutschriftanzeige an einen Kunden wegen einer Mängelrüge.		X			
h)	Überweisung der USt-Zahllast an das Finanzamt.					X

je 0,5 P

3. Aufgabe (5,0 Punkte)

a) Elektromeister Theo Petry ist kein Kaufmann i. S. des § 1 HGB, weil sein Betrieb keinen in kaufmännischer Weise eingerichteten Geschäftsbetrieb erfordert und keine Eintragung ins Handelsregister erfolgte. **1,0 P**

Daher besteht keine Buchführungspflicht nach § 140 AO. Es besteht auch keine Buchführungspflicht nach § 141 AO, weil der Jahresumsatz 500 000 € und der Gewinn 50 000 € nicht übersteigt. **1,0 P**

b) Apotheker Dr. Hirsch ist Kaufmann i. S. des § 1 HGB, weil er gewerblich tätig ist. Er ist buchführungspflichtig nach § 238 HGB und damit auch nach § 140 AO (Hinweis: Keine Befreiung nach § 241a HGB). **1,5 P**

c) Zahnarzt Dr. Wegner ist nicht nach §§ 140, 141 AO buchführungspflichtig, weil er Freiberufler ist. **1,5 P**

4. Aufgabe (6,0 Punkte)

Buchung Januar:

Wareneingang	2 879,40 €			
Vorsteuer	547,09 €	an	Verbindl. aus LuL	3 426,49 €
				2,5 P

Buchung Februar:

Verbindl. aus LuL	3 426,49 €	an	Bank	3 357,96 €
			erhaltene Skonti	57,59 €
			Vorsteuer	10,94 €
			Berechnung	**1,5 P**
			Buchung	**2,0 P**

5. Aufgabe (3,0 Punkte)

Buchung:

Erhaltene Skonti	500 €			
Vorsteuer	95 €	an	Verbindl. aus LuL	595 €
				3,0 P

6. Aufgabe (10,0 Punkte)

a)

Konto		Soll €	Haben €	Erfolg +/./. €
Wareneingang	**0,5 P**	18 300		./. 18 300
Vorsteuer	**0,5 P**	3 477		
Verbindl. aus LuL	**0,5 P**		21 777	**1,0 P**

b)

Konto		Soll €	Haben €	Erfolg +/./. €
Verbindl. aus LuL	**0,5 P**	2 177,70		
Nachlässe/Wareneingang	**0,5 P**		1 830,00	+ 1 830,00
Vorsteuer	**0,5 P**		347,70	**1,0 P**

c)

Konto		Soll €	Haben €	Erfolg +/./. €
Bank	**0,5 P**	6 301,12		
gewährte Skonti	**0,5 P**	163,76		./. 163,76
Umsatzsteuer	**0,5 P**	31,12		**1,0 P**
Forderungen aus LuL	**0,5 P**		6 496,00	

d)

Konto		Soll €	Haben €	Erfolg +/./. €
Bank	**0,5 P**	24 600		
sonstige betriebl. Erträge	**0,5 P**		24 600	+ 24 600
				1,0 P

7. Aufgabe (4,0 Punkte)

Inventurbestand	128 100 €	**0,5 P**
+ Warenverkauf (netto) abzgl. Zuschlag 50 %	4 100 €	**2,0 P**
Zwischensumme	132 200 €	
./. Wareneingang (netto)	2 000 €	**1,0 P**
Bestand 31. 12.	130 200 €	**0,5 P**

III. Steuerwesen (42,0 Punkte)

1. Aufgabe (4,0 Punkte)

Sachverhalt		Steuerverwaltungsakt	
		Ja	Nein (fehlendes Merkmal)
1)	Versand eines Erbschaftsteuerbescheids durch das Finanzamt an Ihren Mandanten Erich Erbe.	X	
2)	Der Geschäftsstellenleiter des Finanzamts bestellt 20 Bürotische für den Sitzungssaal.		keine hoheitliche Maßnahme
3)	Rudi Redlich, Sachbearbeiter beim Finanzamt Nürnberg-Süd, gewährt Ihnen telefonisch Fristverlängerung zur Abgabe der Steuererklärung Ihres Mandanten Schlampig.	X	
4)	Das Finanzgericht weist eine Klage als unbegründet ab.		keine Behörde **erg. Hinweis:** vgl. auch § 6 Abs. 1 AO
je 1,0 P pro Sachverhalt			

2. Aufgabe (4,0 Punkte)

Berechnung der Abgabe- und Zahlungsfrist zur Umsatzsteuer 4/2015 des Herrn Rührig:

Abgabetermin USt-VA 4/2015	Sonntag, 10. 5. 2015	**1,0 P**
das Ende der Abgabe-, Zahlungsfrist verschiebt sich auf	Montag, 11. 5. 2015	**1,0 P**
keine Abgabeschonfrist		**1,0 P**
Ende der Zahlungsschonfrist (3 Tage)	grundsätzlich Donnerstag, 14. 5. 2015 = Christi Himmelfahrt, Ende der Zahlungsfrist damit Freitag, 15. 5. 2015	**1,0 P**

ERGÄNZENDE HINWEISE:

Die Zahlungsschonfrist ergibt sich aus § 240 Abs. 3 AO („Ein Säumniszuschlag wird bei einer Säumnis bis zu drei Tagen nicht erhoben").

Die Zahlungsschonfrist gilt nicht bei Scheckzahlungen. In diesen Fällen gilt die Zahlung sogar erst drei Tage *nach* Eingang beim Finanzamt als entrichtet.

3. Aufgabe (10,0 Punkte)

Art des Umsatzes			Auswirkung auf die	
			Umsatzsteuer	Vorsteuer
a)	Lieferung (§ 3 Abs. 1b Nr. 1 UStG) BMG: aktueller EK (11 760 €)	2,0 P	+ 2 234,40 € **1,0 P**	
b)	Kein Umsatz sog. Innenumsatz (nicht steuerbar)	1,0 P	0 € **1,0 P**	
c)	Kein Umsatz*	1,0 P	0 €	./. 9,50 € **1,0 P**
d)	Innergemeinschaftlicher Erwerb (§ 1a UStG)	1,0 P	+ 627,00 € **1,0 P**	+ 627,00 € **1,0 P**

* Vgl. dazu Abschn. 3.4 Abs. 4 UStAE.

4. Aufgabe (12,0 Punkte)

Ermittlung der Einkünfte aus Vermietung und Verpachtung gem. § 21 Abs. 1 Nr. 1 EStG des Mandanten Markus Miethai für 2014.

Einnahmen			
Miete für 2. und 3. Obergeschoss			
(140 m² x 2 Etagen x 7 € x 12 Monate)	23 520 €		**1,5 P**
Umlage für Nebenkosten			
(140 m² x 2 Etagen x 2 € x 12 Monate)	6 720 €		**1,5 P**
Stellplatzmiete (45 € x 4 x 12 Monate)	2 160 €		**1,0 P**
Summe der Einnahmen		32 400 €	
Werbungskosten			
Abschreibung (494 100 € x 2 %)	./. 9 882 €		**1,5 P**
Hypothekenzinsen	./. 16 420 €		**0,5 P**
Grundsteuer	./. 1 430 €		**0,5 P**
Müllabfuhr, Straßenreinigung, Allgemein-strom, Beiträge, Verwaltungskosten	./. 1 510 €		**1,5 P**
Versicherungen	./. 926 €		**0,5 P**
Malerarbeiten Treppenhaus	./. 2 460 €		**0,5 P**
Kosten, das gesamte Haus betreffend	./. 32 628 €		
auf den vermieteten Teil des Hauses entfallen ($^{280}/_{560}$) =	./. 16 314 €		**1,5 P**
./. Etagenheizung 2. Obergeschoss	./. 1 420 €		**1,0 P**
Summe der Werbungskosten		./. 17 734 €	
Einkünfte aus Vermietung und Verpachtung		14 666 €	**0,5 P**

5. Aufgabe (6,0 Punkte)

Mit Unterzeichnung der Anlage U stimmt Frau Ekel zu, dass ihr Ex-Ehemann die Unterhaltsleistungen als Sonderausgaben geltend machen kann. Zugleich muss sie jedoch die erhaltenen Unterhaltsleistungen als sonstige Einkünfte i. S. des § 22 Nr. 1a EStG versteuern. **2,0 P**

Ermittlung der sonstigen Einkünfte		
Unterhalt	1 780 €	
./. Unterhalt für Tochter Evelyn	600 €	
Ehegattenunterhalt monatlich	1 180 €	**1,0 P**
Einnahmen 2014		
1 180 € x 12 Monate =	14 160 €	**0,5 P**
max. jedoch Höchstbetrag	13 805 €	**1,0 P**
./. Werbungskosten-Pauschbetrag	102 €	**1,0 P**
Sonstige Einkünfte	13 703 €	**0,5 P**

6. Aufgabe (6,0 Punkte)

Für die Eigentumswohnung in Wolfsburg des Mandanten Weber ergibt sich 2014 folgende höchst mögliche Abschreibung:

Kaufpreis	122 500,00 €		**0,5 P**
Anschaffungsnebenkosten (4 %)	4 900,00 €		**1,0 P**
Anschaffungskosten insgesamt	127 400,00 €		**0,5 P**
Davon Gebäudeanteil 85 %			
= AfA-Bemessungsgrundlage		108 290,00 €	**1,0 P**
Abschreibung nach § 7 Abs. 5 Nr. 3c EStG			**1,0 P**
10. Jahr, damit letztmalig AfA-Satz = 4 %		4 331,10 €	**2,0 P**

(In den folgenden acht Jahren beträgt der AfA-Satz 2,5 %, danach (32 Jahre lang) 1,25 %).

Klausur 4: Aufgaben

I. Wirtschafts- und Sozialkunde (21,5 Punkte)

1. Aufgabe (2,0 Punkte)

Der 19-jährige Marcel Böhme ist beim Steuerberater Dr. Schlüter in der Ausbildung zum Steuerfachangestellten. Nach einem Jahr Berufsausbildung erkennt er, dass er für diesen Beruf nicht geeignet ist.

AUFGABEN:

a) Kann er den bestehenden Berufsausbildungsvertrag kündigen?

b) Was muss er bei der Kündigung beachten?

2. Aufgabe (2,0 Punkte)

Die 45-jährige Witwe Anna Bergmann arbeitet zur Aufbesserung ihrer geringen Witwenrente bei der Gebäudereinigung Blank. Sie ist dort wöchentlich zehn Stunden als Reinigungskraft beschäftigt. Für ihre Tätigkeit erhält Frau Bergmann – ohne Vorlage einer Lohnsteuerkarte – netto 450 €.

AUFGABE:

Ist Frau Bergmann sozialversicherungspflichtig?

Begründen Sie Ihre Ansicht.

3. Aufgabe (7,5 Punkte)

Der Auszubildende Wolfgang Wilde verschuldete mit seinem PKW *auf dem Weg zur Arbeit* einen Auffahrunfall. Er wurde operiert, musste 6 Wochen im Krankenhaus bleiben und war anschließend noch 5 Monate arbeitsunfähig. Der Schaden an seinem Pkw betrug 5 500 €, der des Unfallgegners 9 400 €.

AUFGABE:

Wer muss die durch den Unfall entstandenen Kosten tragen?

Ergänzen Sie die leeren Felder.

Aufwendungen	Kostenträger
a) Krankenhauskosten	
b) Lohnfortzahlung (6 Wochen)	
c) Krankengeld/Verletztengeld	
d) Reparaturkosten am eigenen Pkw	
e) Reparaturkosten des Unfallgegners	

4. Aufgabe (3,0 Punkte)

Für bestimmte Rechtsgeschäfte sind besondere Formvorschriften vorgesehen. Geben Sie bei den folgenden Vorgängen an, welche Formvorschriften verlangt werden.

Sachverhalt	Formvorschrift
a) Kauf eines Betriebsgrundstücks.	
b) Abschluss eines Arbeits-/Dienstvertrags.	
c) Abschluss eines Mietvertrags über eine Mietwohnung für drei Jahre.	
d) Anmietung eines Hotelzimmers für ein Wochenende.	
e) Anmeldung einer Firma zur Eintragung ins Handelsregister.	
f) Abschluss eines Ausbildungsvertrags.	

5. Aufgabe (7,0 Punkte)

Prüfen Sie die folgenden Verträge. Stellen Sie die Rechtswirksamkeit der Verträge fest. Begründen Sie Ihre Auffassung.

a) Auf Anfrage des Kunden Karl König übersendet der Kaufmann Paul Pollmann ein Angebot über ein Notebook zum Preis von 1 625 € zzgl. 19 % USt. Das Gerät kann innerhalb von 14 Tagen geliefert werden.

Rechtswirksamer Vertrag: Ja/Nein	Begründung:

b) Karin Bertels ist 16 Jahre und noch Schülerin. Sie hat sich bei der Firma Pollmann einen Computer für 998 € gekauft und 300 € von ihrem ersparten Taschengeld angezahlt. Den Rest will sie von ihrem Taschengeld in monatlichen Raten bezahlen.

Rechtswirksamer Vertrag: Ja/Nein	Begründung:

c) Die Firma Pollmann kauft ihr Warensortiment überwiegend bei ihrem Großhändler, der Computex GmbH, in Wuppertal.

Im April erhielt die Firma Pollmann von der GmbH ohne vorherige Bestellung Computer der Marke „CPU XXL“ geliefert. Es handelt sich um ein Auslaufmodell, das zu einem besonders günstigen Preis berechnet ist. Die Firma Pollmann ist an der Ware nicht interessiert, informiert den Großhändler nicht und begleicht auch die beiliegende Rechnung nicht.

Rechtswirksamer Vertrag: Ja/Nein	Begründung:

d) Die Firma Pollmann bestellt am 16. 4. 2014 bei der Computex GmbH 3 000 Pakete Fotopapier für Farbdrucker, die ihr für 2 €/Stück netto angeboten worden waren. Am 17. 4. 2014 teilt die GmbH mit, dass sie durch ein Versehen einen zu niedrigen Preis angegeben habe.

Rechtswirksamer Vertrag: Ja/Nein	Begründung:

II. Rechnungswesen (32,5 Punkte)

1. Aufgabe

Die Firma Eisen-Hoffmann betreibt in Paderborn einen Einzelhandel mit Haushaltswaren und Elektrogeräten. Bearbeiten Sie bitte die Aufgaben zu den Sachverhalten 1 bis 4 für das Jahr 2014.

Sachverhalt 1 (4,5 Punkte)

Die Firma Eisen-Hoffmann erhielt im März von der Großhandlung Asemissen folgende Rechnung über die am selben Tag erhaltene Lieferung von Waschmaschinen:

Artikel	Menge	E-Preis €	gesamt €
Waschmaschine „Bauknecht 1200“	20	400	8 000
	abzgl. Mengenrabatt 7,5 %		600
	Rechnungsbetrag netto		7 400
	zzgl. 19 % Umsatzsteuer		1 406
	Rechnungspreis		8 806
Zahlen Sie den Rechnungsbetrag innerhalb von 10 Tagen unter Abzug von 2 % Skonto oder innerhalb von 30 Tagen ohne Abzug.			

AUFGABEN:

a) Buchen Sie den Eingang der Ware bzw. die Eingangsrechnung zunächst „auf Ziel“

b) Buchen Sie die Bezahlung der Rechnung unter Abzug von 2 % Skonto durch Banküberweisung.

Sachverhalt 2 (2,0 Punkte)

Die Waschmaschinen wurden der Firma Eisen-Hoffmann durch einen Spediteur angeliefert. Die Rechnung über 295,12 € einschl. 19 % USt wurde sofort bar aus der Geschäftskasse beglichen und muss noch gebucht werden.

Sachverhalt 3 (6,0 Punkte)

Die Firma Eisen-Hoffmann will die Waschmaschinen in ihrem Ladengeschäft ihren Kunden anbieten und mit dem Ladenverkaufspreis auszeichnen.

Die Firma kalkuliert mit einem Kalkulationszuschlag von 60 % (ohne USt). Sie gewährt bei Zahlung innerhalb von acht Tagen 2 % Skonto, die bereits im Kalkulationszuschlag enthalten sind.

Ermitteln Sie den Ladenverkaufspreis (brutto), mit dem die Waschmaschinen ausgezeichnet werden müssen. Führen Sie eine übersichtliche Berechnung unter Angabe der üblichen Preisbezeichnungen durch.

Sachverhalt 4 (5,0 Punkte)

Der Kunde Walter König kauft bei der Firma Eisen-Hoffmann eine dieser Waschmaschinen. Er hat durch geschicktes Verhandeln einen günstigeren Preis vereinbart.

Die Firma Eisen-Hoffmann berechnet ihm:

Eine Waschmaschine Typ „Bauknecht 1200“	654,50 €

Zahlbar innerhalb von 8 Tagen unter Abzug von 2 % Skonto oder innerhalb von 30 Tagen ohne jeden Abzug.

AUFGABEN:

a) Buchen Sie den Verkauf der Ware die Ausgangsrechnung der Firma Eisen-Hoffmann zunächst auf Ziel.
b) Kunde König zahlt nach fünf Tagen durch Banküberweisung unter Abzug von 2 % Skonto auf das Geschäftskonto. Buchen Sie den Zahlungsvorgang.

2. Aufgabe (6,0 Punkte)

Die Firma Eisen-Hoffmann (vgl. 1. Aufgabe) rechnet mit einem Handlungskostenzuschlag von 20 % für allgemeine Geschäftsunkosten.

AUFGABE:

Welchen Gewinn in € *und* Prozent (eine Dezimalstelle) erzielt die Firma aus dem Verkauf der Waschmaschine an den Kunden König?

Führen Sie eine übersichtliche Berechnung unter Angabe der üblichen Preisbezeichnungen durch.

3. Aufgabe (9,0 Punkte)

a) Erstellen Sie entsprechend der Regelung des § 247 HGB die Bilanz der Firma Eisen-Hoffmann (vgl. 1. Aufgabe) zum 31. 12. 2014 aufgrund folgender Angaben:

► Geschäftsausstattung	20 000 €
► Bankschulden	14 000 €
► Forderungen aus LuL	68 000 €
► Warenbestand	52 000 €
► Verbindl. LuL	37 000 €
► Gewinn	83 400 €
► Verbindl. Sozialversicherung	6 000 €
► Verbindl. LSt/KiSt	2 600 €
► Entnahmen	35 000 €
► Kassenbestand	800 €
► USt-Verbindl.	3 600 €

b) Ermitteln Sie die Höhe des Eigenkapitals zum 1. 1. 2014.

III. Steuerwesen (46,0 Punkte)

1. Aufgabe (6,0 Punkte)

Frauke Fuchs hat ihren Einkommensteuerbescheid für das Jahr 2014 am Gründonnerstag, den 2. 4. 2015 erhalten (Datum des Poststempels: Mittwoch, 1. 4. 2015). Nach einem Skiunfall wurde sie am 18. 5. 2015 schwer verletzt ins Krankenhaus eingeliefert, aus dem sie am 11. 6. 2015 (Donnerstag) geheilt entlassen wurde.

Frauke Fuchs erscheint am Mittwoch, dem 8. 7. 2015 in Ihrem Büro und möchte wissen, ob sie gegen den Einkommensteuerbescheid noch Einspruch einlegen kann.

AUFGABE:

Begründen Sie Ihre Entscheidung und führen Sie die erforderlichen Fristberechnungen durch.

2. Aufgabe (5,0 Punkte)

Konstantin Gerber ist Inhaber der Firma Platten-Pauli, einem Fliesenleger-Betrieb in Hameln. Die Firma versteuert ihre Umsätze nach vereinbarten Entgelten mit 19 % und gibt ihre Umsatzsteuer-Voranmeldungen monatlich ab.

Folgende Sachverhalte sind für den Monat Juni 2015 zu beurteilen:

a) Im Juni hat Herr Gerber zeitweilig einen Lagerarbeiter mit der Gartenpflege seines privat genutzten Einfamilienhauses beschäftigt. Die anteiligen Lohn- und Lohnnebenkosten betragen 130 €.

b) Im März 2015 war in die Büroräume der Firma Gerber eingebrochen worden. Von der VIKTORIA-Versicherung hat Herr Gerber deshalb im Juni 2015 einen Betrag von 12 400 € erhalten.

c) Herr Gerber ist im Juni 2015 zur Handwerksmesse mit der Bundesbahn nach Köln gefahren, um sich über die Neuheiten auf dem Bausektor zu informieren. Die Fahrkarte für die Strecke Hameln-Köln und zurück weist einen Fahrpreis von 119 € aus. Umsatzsteuer ist nicht gesondert ausgewiesen. Die Tarifentfernung beträgt 266 km.

d) Über im Juni 2015 angefallene Bewirtungskosten liegt eine Quittung über einen Betrag von 76,56 € vor. Herr Gerber hatte mit einem Lieferanten verhandelt und ihn anschließend zum Essen eingeladen. Die Umsatzsteuer ist nicht gesondert ausgewiesen. Lediglich der Steuersatz ist mit 19 % angegeben.

AUFGABE:

Geben Sie Auskunft über die Auswirkung der Sachverhalte auf die Höhe der Umsatzsteuer bzw. Vorsteuer, tragen Sie das Ergebnis in die untenstehende Tabelle ein und begründen Sie kurz Ihre Entscheidung.

	Auswirkung auf die		Begründung:
	USt	Vorsteuer	
a)			
b)			
c)			
d)			

3. Aufgabe (6,0 Punkte)

Walter Winter ist zu 40 % an einer OHG (Baustoffhandel) beteiligt (Wirtschaftsjahr vom 1. 4. bis 31. 3.). Gemäß Gesellschaftsvertrag ist der handelsrechtliche Gewinn der OHG des Jahres 2013/2014 i. H. von 80 000 € im Verhältnis der Kapitalanteile zu verteilen. Bei der handelsrechtlichen Gewinnermittlung wurden folgende Zahlungen an Winter im Wirtschaftsjahr 2013/2014 als Aufwand gebucht:

Geschäftsführergehalt	60 000 €
Zinsen für ein der OHG gewährtes Darlehen	3 000 €
Miete für ein der OHG überlassenes Grundstück	18 000 €

Die in 2013/2014 im Zusammenhang mit dem überlassenen Grundstück angefallenen Aufwendungen i. H. von 8 000 € wurden von Winter privat getragen.

AUFGABEN:

a) Ermitteln Sie die Einkünfte des Gesellschafters Winter aus dieser Beteiligung.
b) Bestimmen Sie die Einkunftsart und geben Sie an, welchem Kalenderjahr der Gewinn zuzurechnen ist.

4. Aufgabe (29,0 Punkte)

Die Eheleute Bodo (geb. 1. 1. 1946) und Beate (geb. 18. 7. 1949) van Böckel aus Berlin sind bereits 35 Jahre verheiratet. Einen Antrag auf Durchführung einer getrennten Veranlagung stellen die van Böckels nicht.

AUFGABE:

Bestimmen Sie bei den nachfolgenden Sachverhalten jeweils die Einkunftsart und berechnen Sie die Höhe der Einkünfte (genaue gesetzliche Grundlage bitte angeben!).

Sachverhalt 1 (9,0 Punkte)

Bis einschließlich Juli 2014 bezog Beate als Angestellte in einem Kosmetikstudio ein Gehalt von monatlich 1 800 €. Ab August erhält sie eine Betriebsrente von 200 €. Von der Deutschen Rentenversicherung erhält Beate van Böckel ab August 2014 eine Altersrente von monatlich 1 186,40 €.

Gehalt:

Einkunftsart:		
gesetzliche Grundlage:		

Betriebsrente:

Einkunftsart:		
gesetzliche Grundlage:		

Berechnung / Höhe der Einkünfte:

Altersrente:

Einkunftsart:		
gesetzliche Grundlage:		

Berechnung / Höhe der Einkünfte:

Sachverhalt 2 (1,5 Punkte)

Nebenberuflich und auch noch nach Beginn des Rentenbezugs arbeitete Beate van Böckel als selbständige Fußpflegerin. Der Gewinn diesbezüglich, ermittelt nach § 4 Abs. 3 EStG, hat im Jahr 2014 insgesamt 2 615 € betragen.

Einkunftsart:		
gesetzliche Grundlage:		

Berechnung / Höhe der Einkünfte:

Sachverhalt 3 (3,0 Punkte)

Bodo van Böckel war bis zum Jahr 2005 als Bausachverständiger bei der Stadt Berlin tätig (Beamtenverhältnis). Er bezog ab 2005 eine Pension von 37 500 €.

Einkunftsart:		
gesetzliche Grundlage:		

Berechnung / Höhe der Einkünfte:

Sachverhalt 4 (3,0 Punkte)

Bodo van Böckel erhielt Mitte 2014 folgende Dividendengutschrift von seiner Bank:

Bank Berlin

Dividendenbescheinigung / Steuerbescheinigung

...

Baustoffe AG

Stück	Ertrag in € pro Stück	Wertstellung	
1 750 €	3,84 €	1. 4. 2014	
Brutto	Kapitalertragsteuer	Solidaritätszuschlag	Gutschrift
6 720 €	1 680 €	92,40 €	4 947,60 €
		Dividende für 2014	6 720 €
		zu versteuernde Einnahmen	6 720 €

An Depotgebühren fielen 2014 an: 132 €.

Einkunftsart:		
gesetzliche Grundlage:		

Berechnung / Höhe der Einkünfte:

Sachverhalt 5 (3,0 Punkte)

Bodo van Böckel hat in 2014 folgende Aktiengeschäfte getätigt:

Datum	Aktie	Vorgang	Anzahl	Anschaffungskosten €	Verkaufserlös €
6. 1. 14	Baustoff AG	Kauf	750	13 764,00	
2. 2. 14	Immo AG	Kauf	340	10 118,40	
2. 4. 14	Baustoff AG	Verkauf	750		13 344,00
23. 12. 14	Immo AG	Verkauf	250		9 408,00

Einkunftsart:		
gesetzliche Grundlage:		

Berechnung / Höhe der Einkünfte:

Sachverhalt 6 (9,5 Punkte)

Mit Vertrag vom 15. 3. 2014 erwarb Beate van Böckel ein 1982 erbautes Zweifamilienhaus (Übergang von Nutzen und Lasten: 1. 4. 2014). Der Kaufpreis betrug 510 476 € (Wert des Grund und Bodens 25 %) zzgl. 5 % Anschaffungsnebenkosten.

Den Kauf des Hauses hat Frau van Böckel zum Teil mittels Hypothekendarlehen finanziert (383 000 €, Auszahlung 1. 4. 2014, Verzinsung zu 5,6 %, in 2014 tilgungsfrei, Disagio 2 %). Die Hypothekenzinsen für 2014 (fällig am 30. 12. 2014) wurden am 2. 1. 2015 gezahlt.

Die beiden Mieter des Zweifamilienhauses entrichten seit dem 1. 4. 2014 jeweils eine Miete von monatlich 560 € zzgl. 120 € Nebenkosten.

2014 sind Beate van Böckel für das Objekt folgende (weitere) Kosten entstanden:

Malerarbeiten Hausflur	3 501 €
Grundsteuer	820 €
Allgemeinstrom, Gas	1 810 €
sonstige Abgaben (Müllabfuhr, Abwasser, ...)	570 €

Einkunftsart:		
gesetzliche Grundlage:		

Berechnung / Höhe der Einkünfte:

Klausur 4: Lösungen

I. Wirtschafts- und Sozialkunde (21,5 Punkte)

1. Aufgabe (2,0 Punkte)

a) Eine Kündigung des Berufsausbildungsvertrags ist möglich (§ 22 BBiG). **0,5 P**

b) Die Kündigung muss erfolgen

- schriftlich (§ 22 Abs. 3 BBiG), **0,5 P**
- unter Einhaltung einer Kündigungsfrist von vier Wochen (§ 22Abs. 2 Nr. 2 BBiG), **0,5 P**
- unter Angabe des Kündigungsgrunds (§22 Abs. 3 BBiG). **0,5 P**

2. Aufgabe (2,0 Punkte)

Frau Bergmann ist nicht sozialversicherungspflichtig, da sie

- eine geringfügig entlohnte Tätigkeit ausübt, **1,0 P**
- der mtl. Arbeitslohn 450 € nicht übersteigt. **1,0 P**

3. Aufgabe (7,5 Punkte)

Wer muss die durch den Unfall entstandenen Kosten tragen?

Aufwendungen	Kostenträger
a) Krankenhauskosten	gesetzliche Krankenversicherung
b) Lohnfortzahlung (6 Wochen)	Arbeitgeber
c) Krankengeld/Verletztengeld	gesetzliche Unfallversicherung / Berufsgenossenschaft
d) Reparaturkosten am eigenen Pkw	Fahrer/Kaskoversicherung
e) Reparaturkosten des Unfallgegners	Kfz-Haftpflichtversicherung

je 1,5 P **7,5 P**

4. Aufgabe (3,0 Punkte)

Für bestimmte Rechtsgeschäfte sind besondere Formvorschriften vorgesehen. Geben Sie bei den folgenden Vorgängen an, ob und ggf. welche Formvorschriften verlangt werden.

Sachverhalt		Formvorschrift	
a)	Kauf eines Betriebsgrundstücks.	notarielle Beurkundung (§ 311b Abs. 1 BGB)	**0,5 P**
b)	Abschluss eines Arbeits-/Dienstvertrags.	formlos	**0,5 P**
c)	Abschluss eines Mietvertrags über eine Mietwohnung für drei Jahre.	schriftlich (§ 550 BGB)	**0,5 P**
d)	Anmietung eines Hotelzimmers für ein Wochenende.	formfrei	**0,5 P**
e)	Anmeldung einer Firma zur Eintragung ins Handelsregister.	öffentliche / notarielle Beurkundung (§ 12 HGB)	**0,5 P**
f)	Abschluss eines Ausbildungsvertrags.	Schriftlich (§ 11 Abs. 1 BBiG)	**0,5 P**

5. Aufgabe (7,0 Punkte)

a)

Rechtswirksamer Vertrag: Ja/Nein	Begründung:
Nein **0,5 P**	Es fehlt die Annahme des Angebots. Somit ist kein Kaufvertrag zustande gekommen (§ 145 BGB). **1,0 P**

b)

Rechtswirksamer Vertrag: Ja/Nein	Begründung:
Nein **0,5 P**	Das erforderliche Geld wurde noch nicht in vollem Umfang zur freien Verfügung überlassen (§ 110 BGB). Alternativ: Zustimmung des gesetzl. Vertreters erforderlich. **2,0 P**

c)

Rechtswirksamer Vertrag: Ja/Nein	Begründung:
Ja **0,5 P**	Schweigen unter Kaufleuten gilt als Annahme des Vertrags, wenn sie in Geschäftsbeziehung stehen (§ 362 HGB). **1,0 P**

d)

Rechtswirksamer Vertrag: Ja/Nein	Begründung:
Nein **0,5 P**	Die von der GmbH abgegebene Willenserklärung wurde zulässig wegen Irrtums angefochten (§ 119 BGB). **1,0 P**

II. Rechnungswesen (32,5 Punkte)

1. Aufgabe

Sachverhalt 1 (4,5 Punkte)

a) *Anschaffung der Ware/Eingangsrechnung*

Wareneingang	7 400 €			
Vorsteuer	1 406 €	an	Verbindl. aus LuL	8 806 €
				1,5 P

b) *Banküberweisung*

Verbindl. aus LuL	8 806,00 €	an	Bank	8 629,88 €
		an	erhaltene Skonti	148,00 €
		an	Vorsteuer	28,12 €

Buchung 2,0 P / Berechnung 1,0 P

Sachverhalt 2 (2,0 Punkte)

Bezugsnebenkosten	248,00 €			
Vorsteuern	47,12 €	an	Kasse	295,12 €

Buchung 1,5 P / Berechnung 0,5 P

Sachverhalt 3 (6,0 Punkte)

Listeneinkaufspreis	8 000 €	
./. Rabatt 7,5 %	600 €	
Zieleinkaufspreis	7 400 €	**1,0 P**
./. erhaltene Skonti	148 €	
Bareinkaufspreis	7 252 €	**1,0 P**
+ Bezugskosten	248 €	
= Einstandspreis	7 500 €	**1,0 P**
+ Kalkulationszuschlag 60 %	4 500 €	
Listen-/Ladenverkaufspreis (netto)	12 000 €	**2,0 P**
Listen-/Ladenverkaufspreis/Stück (netto)	600 €	
+ Umsatzsteuer 19 %	114 €	
Ladenverkaufspreis (brutto)	714 €	**1,0 P**

Sachverhalt 4 (5,0 Punkte)

a) *Verkauf der Ware/Ausgangsrechnung*

Forderungen aus LuL	654,50 €	an	Umsatzerlöse	550,00 €
		an	Umsatzsteuer	104,50 €
				2,0 P

b) *Zahlungseingang*

Bank	641,41 €			
gewährte Skonti	11,00 €			
Umsatzsteuer	2,09 €	an	Forderungen aus LuL	654,50 €
				Buchung 2,0 P / Berechnung 1,0 P

2. Aufgabe (6,0 Punkte)

Listen-/Ladenverkaufspreis (brutto)	654,50 €	
./. enthaltene USt	104,50 €	
Listen-/Ladenverkaufspreis (netto)	550,00 €	**0,5 P**
./. gewährte Skonti 2 %	11,00 €	
Barverkaufspreis (netto)	539,00 €	**1,0 P**
Einstandspreis/Stück (7 500 € : 20)	375,00 €	**0,5 P**
+ Handlungskostenzuschlag 20 %	75,00 €	
= Selbstkosten	450,00 €	**2,0 P**
Barverkaufspreis (netto)	539,00 €	
./. Selbstkosten	450,00 €	
Gewinn in €	89,00 €	**1,0 P**
Gewinn in % (89 € : 450 € x 100)	19,8 %	**1,0 P**

3. Aufgabe (9,0 Punkte)

a)

Aktiva		Bilanz 31. 12.	Passiva
A. Anlagevermögen		*A. Eigenkapital*	*77 600 €*
Geschäftsausstattung	20 000 €		
B. Umlaufvermögen		*B. Schulden*	
Warenbestand	52 000 €	USt-Verbindl.	3 600 €
Forderungen	68 000 €	Bank	14 000 €
Kasse	800 €	Verbindl. LuL	37 000 €
		Verbindl. Soz.-Vers.	6 000 €
		Verbindl. LSt/KiSt	2 600 €
	140 800 €		140 800 €

5,5 P

b)

Eigenkapital 31.12.	77 600 €	1,0 P
./. Gewinn	83 400 €	1,0 P
	./. 5 800 €	
+ Entnahmen	35 000 €	1,0 P
Eigenkapital 1.1.	29 200 €	0,5 P

III. Steuerwesen (46,0 Punkte)

1. Aufgabe (6,0 Punkte)

Berechnung der Einspruchsfrist für den Einkommensteuerbescheid 2014 von Frau Frauke Fuchs:

Bescheid zur Post am	1.4.2015, Mittwoch	0,5 P
Bekanntgabe (+ 3 Tage)	4.4.2015, Samstag	
	daher verschiebt sich der Tag der Bekanntgabe auf den folgenden Werktag = Dienstag, 7.4.2015	0,5 P
	(6.4.2015 = Ostermontag!)	
Beginn der Einspruchsfrist	8.4.2015, 0.00 Uhr	
	(bzw. mit Ablauf des 7.4.2015)	0,5 P
Ende der Einspruchsfrist	7.5.2015, 24.00 Uhr	0,5 P

Wiedereinsetzung in den vorigen Stand ist möglich, denn eine

- gesetzliche Frist (Einspruchsfrist) wurde
- ohne Verschulden versäumt (Krankenhausaufenthalt nach Skiunfall innerhalb Einspruchsfrist). **1,0P**

Der Antrag auf Wiedereinsetzung und/oder die Nachholung der versäumten Handlung (Einlegung des Einspruchs) ist binnen Monatsfrist (ab Wegfall des Hindernisses = Entlassung aus dem Krankenhaus) möglich. **0,5 P**

Berechnung der Wiedereinsetzungsfrist

Wegfall des Hindernisses	11.6.2015	0,5 P
Beginn der Wiedereinsetzungsfrist	12.6.2015, 0.00 Uhr (bzw. mit Ablauf des 11.6.2015)	0,5 P
Ende der Wiedereinsetzungsfrist	11.7.2015, Samstag	0,5 P
	daher verschiebt sich das Ende der Wiedereinsetzungsfrist auf den folgenden Werktag = Montag, 13.7.2015, 24.00 Uhr	0,5 P

Damit ist am 8.7.2015 die Einlegung eines Einspruchs noch fristgerecht möglich. **0,5 P**

2. Aufgabe (5,0 Punkte)

	Auswirkung auf die		
	USt	Vorsteuer	Begründung:
a)	+ 24,70 €		sonstige Leistung (§ 3 Abs. 9a Nr. 2 UStG) **1,0 P**
b)	0 €		echter Schadenersatz, nicht steuerbar **1,0 P**
c)		+ 19 €	19 % Vorsteuer, Tarifentfernung > 50 km (§§ 34, 35 UStDV) **1,0 P**
d)		+ 12,22 €	Die Kürzung der Betriebsausgaben um 30 % der Bewirtungskosten hat keine Auswirkung auf den Vorsteuerabzug, § 15 Abs. 1a Satz 2 UStG, Kleinbetragsrechnung (§§ 33,35 UStDV). **2,0 P**

3. Aufgabe (6,0 Punkte)

a) Einkünfte des Gesellschafters Winter

Handelsrechtlicher Gewinn 2013/2014 (80 000 € x 40 % =)	32 000 €	**1,5 P**
Tätigkeitsvergütung	+ 60 000 €	**0,5 P**
Zinsen	+ 3 000 €	**0,5 P**
Miete	+ 18 000 €	**0,5 P**
Grundstückskosten	./. 8 000 €	**1,0 P**
Steuerlicher Gewinn	105 000 €	

b) Winter erzielt Einkünfte aus Gewerbebetrieb, § 15 Abs. 1 Nr. 2 EStG.

Der Gewinn des Wirtschaftsjahres 2013/2014 ist dem Kalenderjahr zuzuordnen, in dem das Wirtschaftsjahr endet, also dem Kalenderjahr 2014, § 4a Abs. 2 Nr. 2 EStG. **2,0 P**

4. Aufgabe (29,0 Punkte)

Sachverhalt 1 (9,0 Punkte)

Gehalt:

Einkunftsart:	Einkünfte aus nichtselbständiger Arbeit	**0,5 P**
gesetzliche Grundlage:	§ 19 Abs. 1 Nr. 1 EStG	**0,5 P**

Betriebsrente:

Einkunftsart:	Einkünfte aus nichtselbständiger Arbeit / Versorgungsbezüge	**0,5 P**
gesetzliche Grundlage:	§ 19 Abs. 1 Nr. 2 EStG	**0,5 P**

Berechnung / Höhe der Einkünfte:

Gehalt (1 800 € x 7 Monate =)	12 600 €		
./. Arbeitnehmer-Pauschbetrag	./. 1 000 €		
		11 600 €	**1,0 P**
Betriebsrente (200 € x 5 Monate =)	1 000 €		
./. Versorgungsfreibetrag mtl. Rente 200 € x 12 Monate x 25,6 %, max. 1 920 €, anteilig für 5 Monate	./. 256 €		
./. Zuschlag zum Versorgungsfreibetrag max. 576 € x 5/12 =	./. 240 €		
	504 €		
./. Werbungskosten-Pauschbetrag	./. 102 €		
		402 €	**2,0 P**
Einkünfte aus nichtselbständiger Arbeit		12 002 €	**0,5 P**

Altersrente:

Einkunftsart:	sonstige Einkünfte	**0,5 P**
gesetzliche Grundlage:	§ 22 Nr. 1 Satz 3 Buchst. a EStG	**0,5 P**

Berechnung / Höhe der Einkünfte:

Rentenzahlung 1 186,40 € x 5 Monate =	5 932 €	**1,0 P**
x Besteuerungsanteil 68 % =	4 034 €	**1,0 P**
./. Werbungskosten-Pauschbetrag	./. 102 €	**0,5 P**
sonstige Einkünfte	3 934 €	

Sachverhalt 2 (1,5 Punkte)

Einkunftsart:	Einkünfte aus Gewerbebetrieb	**0,5 P**
gesetzliche Grundlage:	§ 15 Abs. 1 Nr. 1 EStG	**0,5 P**
Berechnung / Höhe der Einkünfte	2 615 €	**0,5 P**

Sachverhalt 3 (3,0 Punkte)

Einkunftsart:	Einkünfte aus nichtselbständiger Arbeit / Versorgungsbezüge	**0,5 P**
gesetzliche Grundlage:	§ 19 Abs. 1 Nr. 2 EStG	**0,5 P**

Berechnung / Höhe der Einkünfte:

Bruttoarbeitslohn (Versorgungsbezüge)	37 500 €	**0,5 P**
./. Versorgungsfreibetrag (40 %, max. 3 000 €)	./. 3 000 €	**0,5 P**
./. Zuschlag zum Versorgungsfreibetrag	./. 900 €	**0,5 P**
./. Werbungskosten-Pauschbetrag	./. 102 €	**0,5 P**
Einkünfte aus nichtselbständiger Arbeit	33 498 €	

ERGÄNZENDER HINWEIS:

Maßgebend für die Höhe des Versorgungsfreibetrags sowie des Zuschlags ist der Versorgungsbeginn. Van Böckel bezieht die Pension bereits seit 2005, daher beträgt der Versorgungsfreibetrag 40 % des Versorgungsbezugs, maximal 3 000 € sowie der Zuschlag 900 €.

Sachverhalt 4 (3,0 Punkte)

Einkunftsart:	Einkünfte aus Kapitalvermögen	**0,5 P**
gesetzliche Grundlage:	§ 20 Abs. 1 Nr. 1 EStG	**0,5 P**

HINWEISE:

Die Einkünfte aus Kapitalvermögen unterliegen der Abgeltungsteuer von 25 % und müssen demnach in die Berechnung des zu versteuernden Einkommens nicht einbezogen werden (§ 43 Abs. 5 EStG). Der Mandant kann jedoch die Einbeziehung der Kapitalerträge in seine Veranlagung beantragen (§ 32d Abs. 4 EStG). In diesem Fall sind auch die Dividenden zu 100 % anzusetzen.

Der Sparer-Pauschbetrag beläuft sich auf 801 / 1 602 € (Alleinstehende / Ehegatten). Ein Abzug tatsächlich entstandener Werbungskosten ist nicht möglich.

Im Zuge einer „Günstigerprüfung" würden sich folgende Einkünfte aus Kapitalvermögen ergeben, § 20 EStG i. V. mit § 32d Abs. 4 EStG:

Einnahmen	6 720 €
./. Sparer-Pauschbetrag	1 602 €
Einkünfte aus Kapitalvermögen	5 118 €

2,0 P

Sachverhalt 5 (3,0 Punkte)

Einkunftsart:	Einkünfte aus Kapitalvermögen	**0,5 P**
gesetzliche Grundlage:	§ 20 Abs. 2 Nr. 1 EStG	**0,5 P**

Der Gewinn aus der Veräußerung von Anteilen an Kapitalgesellschaften unterliegt – unabhängig vom Zeitraum zwischen Anschaffung und Veräußerung – der Abgeltungsteuer von 25 %.

Voraussetzung ist, dass die Anteile nach 2008 angeschafft wurden und dem Privatvermögen zuzuordnen sind.

Im Zuge einer „Günstigerprüfung“ würden sich folgende Einkünfte aus Kapitalvermögen ergeben, § 20 EStG i.V. mit § 32d Abs. 4 EStG.

Berechnung/Höhe der Einkünfte:

Baustoff AG			
Verkaufserlös	13 344 €		
abzgl. Anschaffungskosten	13 764 €		
		./. 420 €	**1,0 P**
Immo AG			
Verkaufserlös	9 408 €		
abzgl. (anteilige) Anschaffungskosten (10 118,40 € x $^{250}/_{340}$ =)	7 440 €		**1,0 P**
		1 967 €	
Einkünfte aus Kapitalvermögen		1 548 €	

Sachverhalt 6 (9,5 Punkte)

Einkunftsart:	Einkünfte aus Vermietung und Verpachtung	**0,5 P**
gesetzliche Grundlage:	§ 21 Abs. 1 Nr. 1 EStG	**0,5 P**

Berechnung/Höhe der Einkünfte:

Einnahmen			
Miete (560 € x 2 x 9 Monate =)	10 080 €		**1,0 P**
Nebenkosten (120 € x 2 x 9 Monate =)	2 160 €		**1,0 P**
Summe der Einnahmen		12 240 €	

Werbungskosten

Schuldzinsen				
(383 000 € x 5,6 % x $^{9}/_{12}$ =)		16 086 €		**2,0 P**
Abschreibung				
Kaufpreis	510 476 €			**0,5 P**
Anschaffungsnebenk. (5 %)	25 524 €			**0,5 P**
	536 000 €			**0,5 P**
davon Geb.-Anteil (75 %)	402 000 €			**0,5 P**
= AfA-Bemessungsgrundlage				
AfA (402 000 € x 2 % x $^{9}/_{12}$ =)		6 030 €		**1,0 P**
Geldbeschaffungskosten (Disagio)		7 660 €		**0,5 P**
Weitere Kosten		6 701 €		**0,5 P**
Summe der Werbungskosten			./. 36 477 €	**0,5 P**
Einkünfte aus Vermietung und Verpachtung			./. 24 237 €	

ERGÄNZENDE HINWEISE:

Die Schuldzinsen stellen regelmäßig wiederkehrende Ausgaben dar, die kurze Zeit (innerhalb zehn Tage) nach Beendigung des Kalenderjahres gezahlt werden (2. 1. 2015), zu dem sie wirtschaftlich gehören (Schuldzinsen 2014). Nach § 11 Abs. 2 Satz 2 EStG sind sie demnach dem Jahr der wirtschaftlichen Zugehörigkeit, also dem Kalenderjahr 2014, zuzuordnen.

Die Nachkommastellen der Werbungskosten wurden gerundet.

Klausur 5: Aufgaben

I. Wirtschafts- und Sozialkunde (21,5 Punkte)

1. Aufgabe (4,0 Punkte)

Wolfgang Tieskötter ist Lagerarbeiter bei der Firma Eisen-Träger in Dortmund. Bei der Fahrt mit einem Gabelstapler verunglückte er während der Arbeitszeit und musste mit einem komplizierten Beinbruch ins Krankenhaus eingeliefert werden. Nach der vorliegenden ärztlichen Bescheinigung wird er voraussichtlich vier Monate seine Berufstätigkeit nicht ausüben können. Außerdem ist damit zu rechnen, dass die Bewegungsfähigkeit seines verletzten Beins eingeschränkt bleiben wird.

AUFGABE:

a) Durch welchen Träger der Sozialversicherung sind die Kosten der notwendigen Arzt- und Krankenhauskosten gedeckt?

b) Mit welchen Vergütungen zur Bestreitung seines Lebensunterhalts kann Herr Tieskötter in den nächsten vier Monaten rechnen?

c) Welche finanziellen Leistungen stehen Herrn Tieskötter zu, wenn sich als Spätfolge des Unfalls eine Versteifung des Kniegelenks einstellt, die zu einer Minderung der Erwerbsfähigkeit von mehr als 20 % führt?

2. Aufgabe (6,0 Punkte)

Der Arbeitgeber Frenzen beschäftigt am 1. 1. 2015 in seiner Unternehmung folgende Personen:

Personen	Wöchentliche Arbeitszeit
8 Meister	38,5 Stunden
12 Gesellen	38,5 Stunden
6 Auszubildende	38,5 Stunden
4 Teilzeitkräfte	29,0 Stunden
2 Teilzeitkräfte	15,0 Stunden
2 Büroangestellte	38,5 Stunden
4 Bundesfreiwilligendienstleistende	38,5 Stunden
3 Schwerbehinderte	38,5 Stunden

Auszug aus dem Aufwendungsausgleichsgesetz (AAG) Artikel 1 § 1

§ 1 Erstattungsanspruch

Die Krankenkassen erstatten den Arbeitgebern, die in der Regel – ausschließlich der zu ihrer Berufsausbildung Beschäftigten – nicht mehr als dreißig Arbeitnehmer beschäftigen, ***achtzig vom Hundert.***

§ 3 Feststellung der Umlagepflicht

Bei der Berechnung der Gesamtzahl der beschäftigten Arbeitnehmer bleiben Arbeitnehmer in einem Arbeitsverhältnis, in dem die regelmäßige Arbeitszeit wöchentlich zehn Stunden oder monatlich fünfundvierzig Stunden nicht übersteigt, sowie Schwerbehinderte im Sinne des Schwerbehindertengesetzes außer Ansatz.

Arbeitnehmer, die wöchentlich regelmäßig nicht mehr als 20 Stunden zu leisten haben, werden mit 0,5 und diejenigen, die nicht mehr als 30 Stunden zu leisten haben, mit 0,75 angesetzt.

AUFGABEN:

a) Prüfen Sie anhand des Auszugs aus dem Aufwendungsausgleichsgesetz, ob die Unternehmung Frenzen an dem Ausgleichsverfahren teilnimmt!

b) Die Mittel für die Entgeltfortzahlungs-Versicherung werden allein durch die an dieser Versicherung beteiligten Arbeitgeber in einem Umlageverfahren aufgebracht. Es gelten zwei getrennte Verfahren.

   Beschreiben Sie – unter Angabe der jeweiligen Umlagebezeichnung – den wesentlichen Inhalt der beiden Umlagen!

3. Aufgabe (4,0 Punkte)

Beurteilen Sie in den folgenden Fällen, ob die vorliegenden Rechtsgeschäfte

wirksam, schwebend unwirksam oder nichtig

sind.

Begründen Sie Ihre Entscheidung.

a) Die 17-jährige Monika Weber ist Auszubildende beim Friseurmeister Klinkhammer in Bochum. Sie unterschreibt einen Mietvertrag über ein 1-Zimmer-Appartement in der Bochumer Innenstadt. Die monatliche Miete beträgt 330 €.

Wirksamkeit:	
Begründung:	

b) Die 17-jährige Monika Weber kündigt ohne Wissen ihrer Eltern ihr Ausbildungsverhältnis bei Meister Klinkhammer, weil sie als Aushilfskraft bei einer Fast-Food-Kette bessere Verdienstmöglichkeiten hat.

Wirksamkeit:	
Begründung:	

c) Die 17-jährige Monika Weber erhält ohne Wissen der Eltern von ihrem Großvater 1 000 € geschenkt.

Wirksamkeit:	
Begründung:	

4. Aufgabe (5,0 Punkte)

Durch das BGB werden unterschiedliche Rechtsgeschäfte geregelt.

a) Geben Sie in den folgenden Fällen die jeweilige Bezeichnung des Rechtsgeschäfts an und entscheiden Sie, ob es sich um ein einseitiges oder zweiseitiges Rechtsgeschäft handelt.

b) Im Falle eines einseitigen Rechtsgeschäfts geben Sie bitte an, ob die Willenserklärung empfangsbedürftig ist oder nicht.

Im Falle eines zweiseitigen Rechtsgeschäfts geben Sie bitte kurz den Vertragsinhalt an.

Rechtsgeschäft 1

Georg Hülsmann überlässt einem Arbeitskollegen zum Transport von Möbeln einen Pkw-Anhänger. Sie vereinbaren die sofortige Rückgabe des Anhängers nach Durchführung des Transportes und lediglich eine kostendeckende Zahlung von pauschal 20 €.

a)	Bezeichnung des Rechtsgeschäfts *und* Art des Rechtsgeschäfts	
b)	Empfangsbedürftigkeit *oder* Vertragsinhalt	

Rechtsgeschäft 2

Hans-Werner Bröskamp ist Autoverkäufer beim Autohaus Westphal in Dresden. Weil er sich bessere Verdienstmöglichkeiten als Versicherungsvertreter erhofft, kündigt er seinen Arbeitsvertrag.

a)	Bezeichnung des Rechtsgeschäfts *und* Art des Rechtsgeschäfts	
b)	Empfangsbedürftigkeit *oder* Vertragsinhalt	

Rechtsgeschäft 3

Juliane Schmitz, 76 Jahre und alleinstehend, hat in einer letztwilligen Verfügung bestimmt, dass ihr Neffe Udo Kaufmann nach ihrem Tode Alleinerbe ihres gesamten Vermögens werden soll.

a)	Bezeichnung des Rechtsgeschäfts *und* Art des Rechtsgeschäfts	
b)	Empfangsbedürftigkeit *oder* Vertragsinhalt	

5. Aufgabe (2,5 Punkte)

Geben Sie an, ob und ggf. welche Formvorschriften beim Abschluss der folgenden Verträge zu beachten sind.

a) Veronika Dartmann schließt mit dem Steuerberater Dr. Hansen einen Ausbildungsvertrag ab.

b) Steuerberater Dr. Hansen kauft ein Wohn- und Bürogebäude für betriebliche Zwecke.

c) Dr. Hansen vermietet eine Wohnung in dem Gebäude für fünf Jahre.

d) Dr. Hansen kauft sich einen Sportwagen für 85 000 €.

e) Johannes, der Sohn von Dr. Hansen, will in Köln studieren. Dr. Hansen soll dem Vermieter des von Johannes angemieteten Appartements für künftig eventuell entstehende Mietrückstände bürgen.

II. Rechnungswesen (37,0 Punkte)

1. Aufgabe (8,5 Punkte)

Die Firma Wallbaum, Metallbaubetrieb in Münster, hat sich auf die Herstellung und Wartung von Rollstühlen und anderer Fahrzeuge für behinderte Menschen spezialisiert.

AUFGABEN:

Buchen Sie folgende Sachverhalte des Geschäftsjahres 2014:

a) Die Firma hat am 30.4. dem Rentner Rosengarten ein behindertengerechtes Fahrrad auf Ziel geliefert. Dieses Modell ist im Firmenkatalog mit 1 200 € zzgl. 7 % USt angeboten. Vereinbarungsgemäß wurde ein Rabatt von 10 % gewährt.

b) Der Kunde beanstandet am 3.5. leichte Mängel an der Lackierung dieses Fahrrads. Daraufhin wird ihm von der Firma Wallbaum ein zusätzlicher Preisnachlass von 5 % gewährt. Darüber erfolgt eine entsprechende Gutschrift.

c) Der Kunde begleicht die verbleibende Restforderung unter Abzug von 2 % Skonto vom Restrechnungsbetrag. Der entsprechende Betrag wird dem betrieblichen Bankkonto der Firma Wallbaum gutgeschrieben.

2. Aufgabe (8,0 Punkte)

Die Firma Otto Obermeyer KG betreibt in Gelsenkirchen einen Einzelhandel mit Eisenwaren und Gartengeräten aller Art. Das Wirtschaftsjahr stimmt mit dem Kalenderjahr überein. Die Firma versteuert ihre Umsätze nach den allgemeinen Vorschriften des UStG und gibt ihre USt-Voranmeldungen monatlich ab.

Buchen Sie für die Mandantin die folgenden Vorgänge des Jahres 2014.

a) Am 23. 4. geht bei der Mandantin die Rechnung der Berger-Elektro AG ein:

Wir lieferten Ihnen am 23. 4. 2014:	
8 Stück Rasenmäher Modell „Rasant" à 120 €	960,00 €
5 Stück Heckenschere „Gartenfreund" à 150 €	750,00 €
	1 710,00 €
abzgl. Wiederverkäuferrabatt 30 %	513,00 €
	1 197,00 €
zzgl. 19 % Umsatzsteuer	227,43 €
Rechnungsbetrag	1 424,43 €
Die Rechnung ist zahlbar bis zum 15. 5. 2014, bei Zahlung innerhalb von 8 Tagen 2 % Abzug vom Rechnungsbetrag.	

b) Der Rechnungsbetrag wird am 2. 5. vom betrieblichen Bankkonto überwiesen. Dabei werden 74,43 € als Skonto abgezogen.

c) Am 11. 5. geht ein Schreiben der Lieferfirma ein, in dem der vorgenommene Skontoabzug moniert wird. Aus Kulanzgründen wird ein Restbetrag von 50 € nachgefordert.

d) Der Betrag von 50 € wird durch Banküberweisung bezahlt.

3. Aufgabe (7,0 Punkte)

Die Otto Obermeyer KG erhält am 21. 5. 2014 von der Berger-Elektro AG eine Bonusgutschrift über 1 023,40 € einschließlich 19 % Umsatzsteuer für das I. Quartal 2014. Dies entspricht den bestehenden Vereinbarungen, wonach ein Bonus von 2 % vom Bruttoumsatz gewährt wird.

AUFGABEN:

a) Ermitteln Sie die Höhe
   - des Netto-Bonus,
   - des Netto-Umsatzes des I. Quartals, der der Bonusberechnung für die Obermeyer KG zugrunde liegt.

b) Buchen Sie die eingegangene Gutschrift für die Obermeyer KG (Nettoverfahren). Die Gutschrift soll mit den noch bestehenden Verbindlichkeiten gegenüber der Berger-Elektro AG verrechnet werden.

c) Stellen Sie fest, welche Auswirkung die Buchung der Gutschrift bei der Firma Obermeyer KG auf deren Bilanzsumme hat und geben Sie den Betrag an.

d) Wie bezeichnet man die sich durch diese Buchung ergebende Wertänderung in der Bilanz?

e) Wie und in welcher Höhe wirkt sich die Buchung auf die Gewinn- und Verlustrechnung der Obermeyer KG aus?

4. Aufgabe (10,0 Punkte)

Aus der Buchführung bzw. aus der Inventur ergeben sich bei der Obermeyer KG für das Jahr 2014 folgende Zahlenwerte:

Warenbestand 1. 1.	45 000 €
Wareneingang	186 000 €
Umsatzerlöse	438 000 €
Warenbestand 31. 12.	52 000 €
Privatentnahmen	28 500 €
Privateinlagen	2 250 €
sonstige Betriebsausgaben	176 400 €

AUFGABEN:

Ermitteln Sie für das Jahr 2014

a) den Wareneinsatz,

b) den Rohgewinn,

c) den Reingewinn,

d) den Kalkulationszuschlag (zwei Dezimalstellen),

e) die Handelsspanne (zwei Dezimalstellen).

5. Aufgabe (3,5 Punkte)

Kreuzen Sie in der untenstehenden Tabelle an, welche Aussage(n) für Inventur, Inventar und Bilanz zutreffen. Dabei sind Mehrfachlösungen möglich.

	Aussage:	Lösungsfelder (X)		
		Inventur	Inventar	Bilanz
a)	Es handelt sich um ein ausführliches Verzeichnis aller Vermögensgegenstände nach Art, Menge und Wert.			
b)	Die dazu erforderlichen Arbeiten müssen zehn Tage vor bis zehn Tage nach dem Stichtag durchgeführt werden.			
c)	Die Aufbewahrungsfrist dieser Unterlagen beträgt zehn Jahre.			
d)	Alle Buchführungspflichtigen sind dazu verpflichtet.			

III. Steuerwesen (41,5 Punkte)

1. Aufgabe (8,0 Punkte)

Prüfen Sie, zu welchem Zeitpunkt (Angabe des Datums erforderlich!) der Einkommensteuerbescheid 2014 Ihres Mandanten Siegfried Sorglos bekannt gegeben wurde.

Verwenden Sie für Ihre Lösung das nachfolgende Lösungsschema.

Sachverhalte:

1. Der Einkommensteuerbescheid 2014 wurde am 15. 5. 2015 (Freitag) mit einfachem Brief zur Post gegeben. Der Postbote warf ihn am 16. 5. 2015 in den Briefkasten Ihres Mandanten ein.
2. Mandant Sorglos verbringt die Wintermonate stets an der Côte d'Azur. Der Einkommensteuerbescheid 2014 wurde am Dienstag, den 10. 3. 2015 mit einfachem Brief zur Post gegeben und gelangte wunschgemäß am Montag, den 23. 3. 2015 an die Ferienadresse des Mandanten Sorglos in Port Grimaud, nahe St. Tropez.
3. Der Einkommensteuerbescheid 2014 wurde am Freitag, den 21. 8. 2015 mit Postzustellungsurkunde zur Post gegeben und Mandant Siegfried Sorglos am Samstag, den 22. 8. 2015 wirksam zugestellt.
4. Sorglos erhielt den Einkommensteuerbescheid 2014 (mit einfachem Brief zur Post am Montag, den 7. 9. 2015) nachweislich am Samstag, den 12. 9. 2015.

Lösungsschema:

	Tag der Bekanntgabe	Begründung (stichwortartig)
1.		
2.		
3.		
4.		

2. Aufgabe (5,0 Punkte)

Bestimmen Sie unter Angabe der gesetzlichen Grundlage die jeweilige Einkunftsart:

1. Leo Löschmann ist Dozent am Institut der Feuerwehr NRW in Münster. In seiner Freizeit hat er den Elternratgeber *„Messer, Gabel, Schere, Licht … Erste Hilfe bei Unfällen im Haushalt"* geschrieben. Vom Verlag hat er diesbezüglich ein Honorar i. H. von 4 500 € erhalten.

2. Das Hotel Comfort vermietet regelmäßig seinen Seminarraum an das Studienwerk der Steuerberater zum Preis von 400 € pro Tag.
3. Werner Wichtig ist Gesellschafter-Geschäftsführer der Wichtig-GmbH in Wesel. Von der GmbH erhält Wichtig einen Betrag i. H. von 60 000 € für seine Geschäftsführertätigkeit sowie eine Gewinnausschüttung von 24 000 €.
4. Fred Feilscher ist Handelsvertreter und vermittelt Maschinen sowie Betriebsstoffe an Land- und Forstwirte in der Region Chiemgau. Seine Einnahmen betragen 85 000 €.

3. Aufgabe (4,0 Punkte)

Die französische Studentin Nicole Petit mit Wohnsitz in Paris besuchte am 1. 10. 2014 ihre Freundin in Köln. Am 10. 10. 2014 lernte sie den Immobilienhändler Bernd Bau kennen. Bau beschäftigte Petit in dem Zeitraum vom 23. 10. 2014 bis zum 30. 5. 2015 als Sekretärin. Petit erhielt eine Schlafmöglichkeit im Gästezimmer der Freundin. Zwischen Weihnachten 2014 und Neujahr 2015 hielt Petit sich in Paris auf.

Danach kehrte sie in die Wohnung ihrer Freundin zurück. Am 30. 4. 2015 löste Petit ihr Arbeitsverhältnis bei Bau auf und zog wieder nach Paris.

AUFGABE:

Prüfen Sie die Voraussetzungen, ob Petit in Deutschland einkommensteuerpflichtig war. Begründen Sie unter Nennung der gesetzlichen Grundlage.

4. Aufgabe (4,0 Punkte)

Welcher Gewinn ist in den nachfolgenden Fällen bei der Einkommensteuer für den Veranlagungszeitraum 2014 anzusetzen? Begründen Sie jeweils Ihre Antworten!

a) Das Wirtschaftsjahr eines Landwirts läuft vom 1. 7. bis 30. 6. Im Wirtschaftsjahr 2013/2014 erzielte er einen Gewinn aus Land- und Forstwirtschaft i. H. von 60 000 €; im Wirtschaftsjahr 2014/2015 erzielte er einen Verlust von 30 000 €.

b) Das Wirtschaftsjahr eines im Handelsregister eingetragenen Gewerbetreibenden läuft vom 1. 4. bis 31. 3. Der Gewinn aus Gewerbebetrieb betrug:

im Wirtschaftsjahr 2012/2013: 60 000 €;

im Wirtschaftsjahr 2013/2014: 80 000 €;

im Wirtschaftsjahr 2014/2015: 90 000 €.

5. Aufgabe (20,5 Punkte)

Ihr Arbeitskollege hat Sie gebeten, ihn bei der Erstellung der Einkommensteuererklärung 2014 der Eheleute Rolf und Rita Reiser (beide 48 Jahre) zu unterstützen.

Aus der Handakte sowie den vorgelegten Unterlagen ergibt sich Folgendes:

Die Eheleute Reiser sind seit 1990 verheiratet. Einen Antrag auf Einzelveranlagung stellen sie nicht.

Rolf Reiser ist Lehrer an einer Sonderschule. Seine Bezüge haben im Jahr 2014 lt. Lohnsteuerbescheinigung 50 630 € betragen. Den Weg von der Wohnung zur Schule (13 km) legte er im Jahr 2014 an insgesamt 210 Tagen mit seinem Pkw zurück. Folgende Belege legt Rolf Reiser vor:

- Aufwendungen für Fachliteratur 250 €
- berufliche Kopierkosten 268 €
- Kosten eines Geburtstagsgeschenks für Sekretärin 15 €
- Arbeitskreis Schulleitungen
  gefahrene Kilometer: 580 km
  Abwesenheit > 8 Std.: 12 Tage
- Da Rolf Reiser in der Schule kein Schreibtisch zur Verfügung steht, hat er ein Zimmer im Dachgeschoss seines Hauses als Arbeitszimmer eingerichtet. Die anteiligen Kosten für das Zimmer belaufen sich 2014 auf 1 350 €
- Anschaffungskosten Bürostuhl für das Arbeitszimmer (Rechnung der Firma „Schreib & Kram“ vom 11. 9. 2014 liegt vor) 472 €

Rita Reiser ist beim Caritasverband im Rahmen eines geringfügigen Beschäftigungsverhältnisses tätig. Ihr Arbeitslohn hat im Jahr 2014 3 760 € betragen, eine Pauschalversteuerung ist nicht erfolgt. Nennenswerte Werbungskosten sind Rita im Jahr 2014 nicht entstanden.

Aus einer Erbschaft im Jahre 2013 erzielt Rita Kapitalerträge. Die Summe der Erträge des Jahres 2014 ergibt sich aus der folgenden Bescheinigung der Hausbank. Kirchensteuer wurde nicht einbehalten, obwohl Rita kirchensteuerpflichtig ist.

Kohle & Zaster Privatbank

Jahresbescheinigung über Kapitalerträge für das Jahr 2014

Steuerbescheinigung

Rita Reiser

...

Bezeichnung	zu versteuernde Einnahmen	freigestellt	Anzurechnen KapESt / Zinsabschlag
Guthaben und Einlagen	593,00	0	148,25
festverz. Wertpapiere	8 921,00	1 602,00	1 829,75
Dividenden	1 998,00	0	499,50
Summe anzurechnender Solidaritätszuschläge			136,26
Depotkosten, Kontoführung		1 151,00	

(Angaben in €)

Aus der Vermietung einer Eigentumswohnung in Dresden erzielen die Reisers laut Angaben der Hausverwaltung einen Überschuss von 2 520 €. Anlässlich eines Mieterwechsels sowie zur Abnahme durchgeführter Reparaturen ist Rita Reiser Mitte 2014 selbst nach Dresden gefahren. Diesbezüglich sind Kosten i. H. von insgesamt 1 522 € entstanden. Ebenfalls in der Berechnung der Hausverwaltung nicht enthalten sind Finanzierungskosten und Abschreibungen die Wohnung Dresden betreffend i. H. von insgesamt 17 220 €.

AUFGABE:

Ermitteln Sie den Gesamtbetrag der Einkünfte der Eheleute Reiser für den Veranlagungszeitraum 2014 (Berechnungen und Angabe gesetzlicher Grundlagen erforderlich!).

Klausur 5: Lösungen

I. Wirtschafts- und Sozialkunde (21,5 Punkte)

1. Aufgabe (4,0 Punkte)

a)	Durch die Berufsgenossenschaft/Träger der gesetzlichen Unfallversicherung.	**1,0 P**
b)	Entgeltfortzahlung durch den Arbeitgeber	**0,5 P**
	für sechs Wochen,	**0,5 P**
	danach: Verletztengeld der Berufsgenossenschaft.	**1,0 P**
c)	Unfallrente der Berufsgenossenschaft.	**1,0 P**

2. Aufgabe (6,0 Punkte)

Berechnung der Gesamtzahl der beschäftigten Arbeitnehmer:

		Anrechenbar	
8 Meister	38,5 Stunden	8	**0,5 P**
12 Gesellen	38,5 Stunden	12	**0,5 P**
6 Auszubildende	38,5 Stunden	0	**0,5 P**
4 Teilzeitkräfte	29,0 Stunden	3	**0,5 P**
2 Teilzeitkräfte	15,0 Stunden	1	**0,5 P**
3 Büroangestellte	38,5 Stunden	3	**0,5 P**
4 Bundesfreiwilligendienstleistende	38,5 Stunden	0	**0,5 P**
3 Schwerbehinderte	38,5 Stunden	0	**0,5 P**

a)	An dem U2 Verfahren nehmen ab dem 1. 1. 06 alle Unternehmen teil. Unter Beachtung der gesetzl. Bestimmungen ergeben sich für den Arbeitgeber in Bezug auf das U1 Verfahren 27 anrechenbare Arbeitnehmer. Er nimmt also an dem U1 Ausgleichsverfahren teil.	**1,0 P**
b)	U1 für den Ausgleich von Krankheitsaufwendungen für alle Arbeitnehmer (seit 1. 1. 06); U2 für den Ausgleich von Mutterschaftsaufwendungen für alle Arbeitnehmerinnen.	**1,0 P**

3. Aufgabe (4,5 Punkte)

a)

Wirksamkeit:	schwebend unwirksam	**0,5 P**
Begründung:	Der Vertrag wird nur mit Zustimmung des gesetzlichen Vertreters wirksam.	**1,0 P**

b)

Wirksamkeit:	nichtig	**0,5 P**
Begründung:	Ohne die Zustimmung des gesetzlichen Vertreters (der Eltern) kann nicht gekündigt werden.	**1,0 P**

c)

Wirksamkeit:	wirksam	**0,5 P**
Begründung:	Die Zustimmung der Eltern ist nicht erforderlich, weil durch die Schenkung lediglich ein rechtlicher Vorteil erlangt wird.	**1,0 P**

4. Aufgabe (5,0 Punkte)

Rechtsgeschäft 1

a)	Bezeichnung des Rechtsgeschäfts *und* Art des Rechtsgeschäfts	Mietvertrag = zweiseitiges Rechtsgeschäft	**0,5 P** **0,5 P**
b)	Empfangsbedürftigkeit *oder* Vertragsinhalt	Überlassung einer Sache zum Gebrauch gegen Entgelt	**1,0 P**

Rechtsgeschäft 2

a)	Bezeichnung des Rechtsgeschäfts *und* Art des Rechtsgeschäfts	Kündigung = einseitiges Rechtsgeschäft	**0,5 P** **0,5 P**
b)	Empfangsbedürftigkeit *oder* Vertragsinhalt	empfangsbedürftig	**0,5 P**

Rechtsgeschäft 3

a)	Bezeichnung des Rechtsgeschäfts *und* Art des Rechtsgeschäfts	Testament = einseitiges Rechtsgeschäft	**0,5 P** **0,5 P**
b)	Empfangsbedürftigkeit *oder* Vertragsinhalt	nicht empfangsbedürftig	**0,5 P**

5. Aufgabe (2,5 Punkte)

a) Der Ausbildungsvertrag erfordert Schriftform (§ 11 BBiG). **0,5 P**

b) Der Grundstückskaufvertrag muss notariell beurkundet werden (§ 311b Abs. 1 BGB). **0,5 P**

c) Dieser Mietvertrag erfordert Schriftform (§ 550 BGB). **0,5 P**

d) Der Pkw-Kaufvertrag kann formfrei geschlossen werden. **0,5 P**

e) Ein Bürgschaftsvertrag erfordert Schriftform (§ 766 BGB). **0,5 P**

II. Rechnungswesen (37,0 Punkte)

1. Aufgabe (8,5 Punkte)

a) *Verkauf der Ware/Ausgangsrechnung*

Forderungen aus LuL	1 155,60 €	an	Umsatzerlöse	1 080,00 €
		an	Umsatzsteuer	75,60 €

Buchung 1,5 P / Berechnung 1,0 P

b) *Gutschrift*

Erlösschmälerungen (7 %)	54,00 €			
Umsatzsteuer (7 %)	3,78 €	an	Ford. aus LuL	57,78 €

Buchung 1,5 P / Berechnung 1,0 P

c) *Bankgutschrift*

Bank	1 075,86 €			
gewährte Skonti	20,52 €			
Umsatzsteuer (7 %)	1,44 €	an	Ford. aus LuL	1 097,82 €

Buchung 2,0 P / Berechnung 1,5 P

2. Aufgabe (8,0 Punkte)

a) *Kauf der Ware/Rechnungseingang*

Wareneinkauf	1 197,00 €			
Vorsteuer	227,43 €	an	Verbindl. aus LuL	1 424,43 €

Buchung 1,5 P

b) *Banküberweisung*

Verbindl. aus LuL	1 424,43 €	an	Bank	1 350,00 €
		an	erhaltene Skonti	62,55 €
		an	Vorsteuer	11,88 €

Buchung 2,0 P / Berechnung 1,0 P

c) *Nachforderung*

erhaltene Skonti	42,02 €			
Vorsteuer	7,98 €	an	Verbindl. aus LuL	50,00 €

Buchung 1,5 P / Berechnung 1,0 P

d) *Restzahlung*

Verbindl. aus LuL	50 €	an	Bank	50 €

Buchung 1,0 P

3. Aufgabe (7,0 Punkte)

a) *Bonus/Netto-Umsatz*

Bonus (brutto)	1 023,40 €	
./. enthaltene Umsatzsteuer	163,40 €	
= Bonus (netto)	860,00 €	**1,0 P**
Netto-Umsatz (x 100 : 2)	43 000,00 €	**1,0 P**

b) *Buchung Gutschrift*

Verbindl. LuL	1 023,40 €	an	erhaltene Boni	860,00 €
		an	Vorsteuer	163,40 €

Buchung 1,5 P / Berechnung 0,5 P

c) *Bilanzsumme*

Die Bilanzsumme mindert sich um 163,40 €. **1,0 P**

d) *Bezeichnung der Wertveränderung*

Aktiv-Passiv-Minderung **1,0 P**

e) *Gewinnauswirkung*

Gewinnerhöhung um 860 € **1,0 P**

4. Aufgabe (10,0 Punkte)

a) *Wareneinsatz*

Warenbestand 1. 1.	45 000 €	
+ Wareneingang	186 000 €	
./. Warenbestand 31. 12.	52 000 €	
= Wareneinsatz	179 000 €	**3,0 P**

b) *Rohgewinn*

Umsatzerlöse	438 000 €	
./. Wareneinsatz	179 000 €	
= Rohgewinn	259 000 €	**1,5 P**

c) *Reingewinn*

Rohgewinn	259 000 €	
./. sonstige Betriebsausgaben	176 400 €	
= Reingewinn	82 600 €	**1,5 P**

d) *Kalkulationszuschlag*

$$\frac{\text{Rohgewinn x 100}}{\text{Wareneinsatz}} = \frac{259\,000 \text{ x } 100}{179\,000} = 144{,}69\,\%$$ **2,0 P**

e) *Handelsspanne*

$$\frac{\text{Rohgewinn x 100}}{\text{Umsatzerlöse}} = \frac{259\,000 \text{ x } 100}{438\,000} = 59{,}13\,\%$$ **2,0 P**

5. Aufgabe (3,5 Punkte)

	Aussage:	Lösungsfelder (X)		
		Inventur	Inventar	Bilanz
a)	Es handelt sich um ein ausführliches Verzeichnis aller Vermögensgegenstände nach Art, Menge und Wert.		X	
b)	Die dazu erforderlichen Arbeiten müssen zehn Tage vor bis zehn Tage nach dem Stichtag durchgeführt werden.	X		
c)	Die Aufbewahrungsfrist dieser Unterlagen beträgt 10 Jahre (§ 147 Abs. 1 Nr. 1 AO).		X	X
d)	Alle Buchführungspflichtigen sind dazu verpflichtet.	X	X	X
		1,0 P	**1,5 P**	**1,0 P**

III. Steuerwesen (41,5 Punkte)

1. Aufgabe (8,0 Punkte)

Lösungsschema:

	Tag der Bekanntgabe	**Begründung (stichwortartig)**
1.	18. 5. 2015 Montag **1,0 P**	Bekanntgabe 3 Tage nach Aufgabe zur Post, § 122 Abs. 2 Nr. 1 AO **1,0 P**
2.	10. 4. 2015 Freitag **1,0 P**	Bekanntgabe bei Übermittlung im Ausland, 1 Monat nach Aufgabe zur Post, § 122 Abs. 2 Nr. 2 AO **1,0 P**
3.	22. 8. 2015 Samstag **1,0 P**	Bekanntgabe mit Zustellung, § 122 Abs. 5 AO i.V. mit §§ 2, 3 VwZG (Verwaltungszustellungsgesetz) **1,0 P**
4.	12. 9. 2015 Samstag **1,0 P**	3-Tage-Regelung für die Bekanntgabe greift nur, wenn der Steuerbescheid nicht zu einem späteren Zeitpunkt zugegangen ist, dies ist hier nachweislich der Fall; § 122 Abs. 2 AO **1,0 P**

2. Aufgabe (5,0 Punkte)

1. Leo Löschmann:

   Dozent am Institut der Feuerwehr NRW:

   Einkünfte aus nichtselbständiger Arbeit, § 19 Abs. 1 Nr. 1 EStG **0,5 P**

   Autor des Elternratgebers „*Messer, Gabel, Schere, Licht, ...*“:

   Einkünfte aus selbständiger Arbeit, § 18 Abs. 1 Nr. 1 EStG (schriftstellerische Arbeit) **0,5 P**

2. Hotel Comfort:

   Der Betreiber des als Einzelunternehmen geführten Betriebs erzielt Einkünfte aus Gewerbebetrieb, § 15 Abs. 1 Nr. 1 EStG. Die Einkünfte umfassen auch die Vermietung des Seminarraums. **1,0 P**

3. Werner Wichtig:

   Geschäftsführertätigkeit:

   Einkünfte aus nichtselbständiger Arbeit, § 19 Abs. 1 Nr. 1 EStG **1,0 P**

   Gewinnausschüttung:

   Einkünfte aus Kapitalvermögen, § 20 Abs. 1 Nr. 1 EStG **1,0 P**

4. Fred Feilscher / Handelsvertreter:

   Einkünfte aus Gewerbebetrieb, § 15 Abs. 1 Nr. 1 EStG **1,0 P**

3. Aufgabe (4,0 Punkte)

Petit ist in den Veranlagungszeiträumen 2014 und 2015 unbeschränkt einkommensteuerpflichtig, da sie ihren gewöhnlichen Aufenthalt im Inland hatte (§ 1 Abs. 1 EStG). Petit hatte ihren gewöhnlichen Aufenthalt im Inland, weil sie sich nicht nur vorübergehend im Inland aufgehalten hat. Ein nicht nur vorübergehender Aufenthalt im Inland wird immer dann angenommen, wenn sich die betreffende Person länger als 6 Monate im Inland aufgehalten hat (§ 9 AO). Die 6 Monate brauchen nicht zusammenhängend zu verlaufen und auch nicht in einem Veranlagungszeitraum vorzuliegen. Nach § 9 AO bleiben kurzfristige Unterbrechungen (bis zu 10 Tagen) unberücksichtigt, d. h. der Auslandsaufenthalt zählt für die Fristberechnung mit. **4,0 P**

ERGÄNZENDER HINWEIS:

Es sind somit für die Veranlagungszeiträume 2014 und 2015 Einkommensteuerveranlagungen vorzunehmen (§ 2 Abs. 7, § 25 Abs. 1 EStG). Bei der Durchführung der Veranlagungen ist das deutsch-französische Doppelbesteuerungsabkommen zu beachten.

4. Aufgabe (4,0 Punkte)

Zu a)

Bei Land- und Forstwirten ist der Gewinn des Wirtschaftsjahres auf das Kalenderjahr, in dem das Wirtschaftsjahr beginnt, und auf das Kalenderjahr, in dem das Wirtschaftsjahr endet, entsprechend dem zeitlichen Anteil aufzuteilen, § 4a Abs. 2 Nr. 1 EStG.

Wirtschaftsjahr 2013/2014	60 000 € x $^6/_{12}$ =	30 000 €	
Wirtschaftsjahr 2014/2015	./. 30 000 € x $^6/_{12}$ =	./. 15 000 €	
im Veranlagungszeitraum 2014 anzusetzen:		15 000 €	**2,0 P**

Zu b)

Bei Gewerbetreibenden gilt der Gewinn des Wirtschaftsjahres als in dem Kalenderjahr bezogen, in dem das Wirtschaftsjahr endet, § 4a Abs. 2 Nr. 2 EStG. Mithin ist der Gewinn des Wirtschaftsjahres 2013/2014 i. H. von 80 000 € vollständig dem Veranlagungszeitraum 2014 zuzurechnen. **2,0 P**

5. Aufgabe (20,5 Punkte)

Ermittlung des Gesamtbetrags der Einkünfte der Eheleute Reiser für das Jahr 2014:

1. Einkünfte aus nichtselbständiger Arbeit, § 19 Abs. 1 Nr. 1 EStG				**0,5 P**
a) Rolf Reiser				
Arbeitslohn			50 630 €	**0,5 P**
Werbungskosten				
./. Entfernungspauschale		819 €		
210 Tage x 13 km x 0,30 € =				**1,0 P**
./. Fachliteratur		250 €		**0,5 P**
./. Kopierkosten		268 €		**0,5 P**
./. Reisekosten Arbeitskreis (Dienstreisen)				
Fahrtkosten 580 km x 0,30 € =	174 €			**1,0 P**
Verpflegungsmehraufwendungen				
12 Tage x 12 € =	144 €			**1,0 P**
Reisekosten insgesamt		318 €		
./. Bürostuhl		472 €		**1,0 P**
./. Aufwendungen für ein häusliches Arbeitszimmer, max. abzugsfähig		1 250 €		**1,0 P**
Werbungskosten insgesamt			3 377 €	**0,5 P**
Einkünfte Rolf Reiser aus nichtselbständiger Arbeit:			47 253 €	
keine Berücksichtigung der Kosten des Geburtstagsgeschenks				**1,0 P**

ERGÄNZENDE HINWEISE:

Die Aufwendungen für das Geburtstagsgeschenk können nicht als Werbungskosten berücksichtigt werden (nicht abziehbare Repräsentationskosten).

Die Aufwendungen für den Bürostuhl sind im Jahr der Anschaffung vollständig abzugsfähig, da es sich um ein geringwertiges Wirtschaftsgut (Arbeitsmittel) i. S. des § 9 Abs. 1 Nr. 7 Satz 2 EStG i.V. m. § 6 Abs. 2 EStG handelt:

- Abnutzbares, bewegliches Wirtschaftsgut,
- selbständig nutzbar,
- Anschaffungskosten (abzüglich Vorsteuer) ≤ 410 €.

b) Rita Reiser

Arbeitslohn	3 760 €	**1,0 P**
./. Arbeitnehmer-Pauschbetrag	./. 1 000 €	**0,5 P**
Einkünfte aus nichtselbständiger Arbeit	2 760 €	

ERGÄNZENDER HINWEIS:

Laut Sachverhalt wurde der Arbeitslohn nicht pauschal versteuert. Dies hat zur Folge, dass Einnahmen bei der Steuerfestsetzung für 2014 zu berücksichtigen sind.

2. Einkünfte aus Kapitalvermögen, § 20 EStG

Die Einkünfte aus Kapitalvermögen unterliegen der Abgeltungsteuer von 25 % und müssen demnach in die Berechnung des zu versteuernden Einkommens nicht einbezogen werden (§ 43 Abs. 5 EStG).

Der Mandant kann jedoch die Einbeziehung der Kapitalerträge in seine Veranlagung beantragen (§ 32d Abs. 4 EStG). In diesem Fall sind auch die Dividenden zu 100 % anzusetzen.

Der Sparer-Pauschbetrag beläuft sich auf 801 / 1 602 € (Alleinstehende / Ehegatten). Ein Abzug tatsächlich entstandener Werbungskosten ist nicht möglich.

Dennoch sind die Kapitalerträge im vorliegenden Fall im Rahmen der Steuererklärung zumindest zu erklären, da bisher keine Berücksichtigung im Rahmen der Kirchensteuer erfolgte. Darüber hinaus ist die Angabe zum Zwecke der Günstigerprüfung möglich.

Dividenden, § 20 Abs. 1 Nr. 1 EStG	1 998 €	
Guthaben, Wertpapiere, § 20 Abs. 1 Nr. 7 EStG	+ 9 514 €	
Einnahmen aus Kapitalvermögen	11 512 €	
./. Sparer-Pauschbetrag, § 20 Abs. 9 EStG	./. 1 602 €	
Einkünfte aus Kapitalvermögen	9 910 €	**3,0 P**

3. Einkünfte aus Vermietung und Verpachtung, § 21 Abs. 1 Nr. 1 EStG

Überschuss lt. Abrechnung Hausverwaltung	2 520 €	**1,0 P**
./. Abschreibung und Schuldzinsen	./. 17 220 €	**1,0 P**
./. Reisekosten	./. 1 522 €	**1,5 P**
Einkünfte aus Vermietung und Verpachtung	./. 16 222 €	

4. Gesamtbetrag der Einkünfte 2014

	Rolf Reiser	Rita Reiser	
1. Nichtselbständige Arbeit	47 253 €	2 760 €	
2. Kapitalvermögen kein Ansatz Abgeltungsteuer		–	
3. Vermietung und Verpachtung	./. 8 111 €	./. 8 111 €	
Summe der Einkünfte	39 142 €	./. 5 351 €	
Gesamtbetrag der Einkünfte		33 791 €	**4,0 P**

Klausur 6: Aufgaben

I. Wirtschafts- und Sozialkunde (21,0 Punkte)

1. Aufgabe (2,0 Punkte)

Ordnen Sie den unten aufgeführten Aufgaben die jeweils zuständigen Institutionen zu:

a) Überwachung der Einhaltung von Vorschriften zur Unfallverhütung.

b) Eintragung von Ausbildungsverträgen.

c) Gewährung von Zuschüssen zu Weiterbildungsmaßnahmen nach dem Arbeitsförderungsgesetz.

d) Abschluss eines Tarifvertrags.

2. Aufgabe (3,0 Punkte)

Thomas Everding hat sich beim Autohaus Brüggemann einen Gebrauchtwagen für 11 980 € gekauft. Bei Vertragsabschluss hat er 5 000 € angezahlt. Der Restbetrag sollte nach erfolgter Durchsicht und Reinigung des Fahrzeugs bei Übergabe beglichen werden.

Als Herr Everding das Fahrzeug abholen wollte, stellte sich heraus, dass es gestohlen wurde, obwohl es ordnungsgemäß verschlossen auf dem Firmengelände abgestellt worden war.

AUFGABEN:

Prüfen Sie, ob Herr Everding

a) Anspruch auf einen anderen gleichwertigen Pkw hat oder

b) sein Geld zurück verlangen kann und

c) eventuell Schadenersatz verlangen kann.

3. Aufgabe (4,0 Punkte)

Mandant Günter Bachmann betreibt in Bielefeld einen Fachgroßhandel für Sanitär- und Heizungsbedarf. Der Betrieb befindet sich in eigenen Räumen auf ca. 1 200 qm Betriebsfläche. Er beschäftigt zwölf Mitarbeiter/-innen und hat einen entsprechend großen Lieferanten- und Kundenkreis.

AUFGABEN:

a) Nehmen Sie zur Kaufmannseigenschaft des Mandanten Stellung.

b) Nennen Sie jeweils zwei Rechte und Pflichten, die ein Kaufmann im Gegensatz zu einem Nichtkaufmann hat.

4. Aufgabe (4,0 Punkte)

Mandant Theo Wessels ist Inhaber eines Tabakwaren-Einzelhandels. In seinen Betriebsräumen befindet sich eine Lotto- und Toto-Annahmestelle. Außerdem werden Zeitungen und Zeitschriften verkauft.

Die Tabakwaren kauft er bei der Großhandlung Freckmann, während Zeitungen und Zeitschriften von den Verlagen in Kommission übernommen und an die Kunden verkauft werden.

AUFGABEN:

a) Nennen Sie zwei Gründe, warum der Mandant Zeitungen und Zeitschriften nur als Kommissionsware verkauft.

b) Wer sind beim Verkauf der Zeitungen und Zeitschriften die Vertragspartner?
Begründen Sie Ihre Auffassung.

5. Aufgabe (8,0 Punkte)

Der 17-jährige Schüler Florian Kleinschmidt schreibt in seiner Freizeit mit Zustimmung seiner Eltern Computerprogramme, die geeignet sind, Betriebsabläufe in Betrieben zu optimieren. Die Programme verkauft er an andere Gewerbetreibende. Er erzielt durch diese Tätigkeit erhebliche Einnahmen und Gewinne.

AUFGABEN:

Stellen Sie fest, ob und ggf. unter welchen Voraussetzungen die nachfolgenden Willenserklärungen rechtswirksam sind:

a) Florian kauft sich ohne Wissen seiner Eltern einen neuen, noch leistungsfähigeren Rechner, um noch komplexere Programme entwickeln zu können. Der Rechner kostet 4 000 € zzgl. 19 % Umsatzsteuer.

b) Von seinen erwirtschafteten Einnahmen kauft er eine Stereoanlage für 2 520 €. Die Eltern stimmen dem Kaufvertrag nicht zu, weil der Betrieb der Anlage zu einer erheblichen Geräuschbelästigung in der Wohnung führt.

c) Florian ist vom zuständigen Finanzamt aufgefordert worden, seine Umsatzsteuer-, Gewerbesteuer- und Einkommensteuererklärungen abzugeben. Sein Steuerberater hat die Erklärungen erstellt. Weil Florian nicht will, dass seine Eltern über seine finanziellen Verhältnisse informiert sind, lässt er die Erklärungen nicht von ihnen unterschreiben, sondern unterschreibt alleine.

d) Weil nach Auffassung der Eltern und der Lehrer die schulischen Leistungen von Florian in der letzten Zeit stark nachgelassen haben, untersagen die Eltern ihm die Fortführung des Betriebs.

II. Rechnungswesen (36,0 Punkte)

Die Firma Hugo Meißner, Einzelhandel mit Herrenoberbekleidung in Siegen, ermittelt ihren Gewinn durch Betriebsvermögensvergleich (§ 5 und § 4 Abs. 1 EStG). Das Wirtschaftsjahr stimmt mit dem Kalenderjahr überein. Die Umsätze werden nach den allgemeinen Vorschriften des UStG versteuert. Voranmeldungszeitraum ist der Kalendermonat.

1. Aufgabe (4,0 Punkte)

Stellen Sie für die nachfolgenden Geschäftsvorfälle fest, welche Auswirkung deren Buchung auf den *Gewinn* und die *Bilanzsumme* des Jahres 2014 der Firma Hugo Meißner hat. Geben Sie den jeweiligen Betrag in € mit dem richtigen Vorzeichen (+ oder ./.) an.

	Geschäftsvorfall	Gewinn	Bilanzsumme
a)	Warenverkauf auf Ziel. Der Nettowarenwert beträgt 250 € zzgl. 47,50 € USt.		
b)	Darlehensaufnahme für den Umbau des Ladengeschäfts Anfang April i. H. von 100 000 €. Das Darlehen wird zu 95 % ausgezahlt.		
c)	Das Disagio aus der Darlehensaufnahme wird anteilig mit 1 250 € als Zinsaufwand berücksichtigt.		
d)	Die Sparkasse belastet das Bankkonto zum 30. 6. mit 7 000 €, wovon 2 000 € auf Zinsen entfallen. Das Bankkonto weist einen Schuldsaldo aus.		

2. Aufgabe (8,0 Punkte)

Bei der Firma Hugo Meißner ergeben sich aus der Buchführung u. a. folgende Informationen:

Warenbestand 1. 1.	165 668 €
Warenbestand 31. 12.	156 816 €
Wareneingang	873 708 €
Warenbezugskosten	13 224 €
erhaltene Skonti	5 708 €
Rückgaben von Kunden	6 432 €
Verkaufserlöse	1 489 892 €

AUFGABEN:

Ermitteln Sie in einer übersichtlichen Darstellung

a) den Wareneinsatz,

b) den Rohgewinn,

c) den Kalkulationszuschlag,

d) die Handelsspanne.

3. Aufgabe (4,0 Punkte)

Anfang Februar 2014 hat die Firma Hugo Meißner eine neue Datenverarbeitungsanlage angeschafft, die ihr wie folgt berechnet wurde:

PC mit Monitor	3 200,00 €
Laserdrucker mit Druckerkabel	450,00 €
Windows 8	145,00 €
„Dressman 7" (Spezialprogramm für den Einzelhandel)	920,00 €
	4 715,00 €
+ 19 % Umsatzsteuer	895,85 €
Rechnungsbetrag	5 610,85 €

Die Rechnung wurde sofort ohne Abzug per Banküberweisung beglichen.

Buchen Sie den Anschaffungsvorgang.

4. Aufgabe (6,0 Punkte)

Anfang 2014 hat Herr Meißner 40 000 Liter Heizöl gekauft. Vom Händler wurde ihm dafür folgende Rechnung ausgestellt:

Menge	**Preis/100 Liter**	**gesamt**
40 000 Liter	29,65 €	11 860,00 €
	+ 19 % Umsatzsteuer	2 253,40 €
	Rechnungsbetrag	14 113,40 €

Herr Meißner hat von der gesamten Liefermenge entsprechend den beigefügten Messkarten

- 10 000 Liter für sein Ladengeschäft in Wuppertal,
- 25 000 Liter für sein bilanziertes Mietwohngrundstück,
- 5 000 Liter für sein privat genutztes Einfamilienhaus

erhalten. Der Rechnungsbetrag wurde sofort ohne Abzug von Skonto per Überweisung vom betrieblichen Bankkonto überwiesen.

Buchen Sie den Vorgang.

5. Aufgabe (7,0 Punkte)

Die Firma Hugo Meißner erwirbt Anfang März 2014 von der Firma Auto-Becker einen neuen Betriebs-Pkw, der vom Betriebsinhaber nicht privat genutzt wird. Die Voraussetzungen des § 7g EStG liegen **nicht** vor. Die Nutzungsdauer des Fahrzeugs ist mit vier Jahren anzunehmen.

Die Rechnung der Firma Auto-Becker lautete:

Listenpreis Pkw	29 600,00 €
+ Sonderausstattung	400,00 €
	30 000,00 €
./. Rabatt 5 %	1 500,00 €
verbleiben	28 500,00 €
+ 1. Tankfüllung	70,00 €
Rechnungsbetrag netto	28 570,00 €
zzgl. 19 % Umsatzsteuer	5 428,30 €
	33 998,30 €
+ Auslagen für die Zulassung lt. Beleg	40,00 €
+ Auslagen für die Nummernschilder lt. anliegender Rechnung	23,80 €
Gesamtrechnungsbetrag	34 062,10 €

AUFGABEN:

a) Ermitteln Sie in übersichtlicher Darstellung die Anschaffungskosten des Pkw.
b) Buchen Sie den Anschaffungsvorgang.
c) Ermitteln Sie den höchstmöglichen Abschreibungsbetrag für 2014.

6. Aufgabe (7,0 Punkte)

Ronald Bergmann ist Geschäftsführer der Firma Hugo Meißner. Er erhielt bisher ein monatliches Bruttogehalt von 3 230,50 €. Außerdem übernimmt die Firma die vermögenswirksamen Leistungen i. H. von 40 € monatlich.

Ab Anfang März stellt die Firma Herrn Bergmann zusätzlich das Betriebsfahrzeug (s. Aufgabe 5) zur privaten Nutzung zur Verfügung. Der Listenpreis des Pkw beträgt einschl. USt 35 700 €. Der geldwerte Vorteil beträgt damit 1 % monatlich = 357 €.

Für Herrn Bergmann (StKl. III, 2,0 Kinderfreibeträge, konfessionslos) ergeben sich für März 2014 folgende Abzugsbeträge (Arbeitnehmerbeiträge):

Lohnsteuer	357,16 €
Solidaritätszuschlag	0 €
Rentenversicherung	342,80 €
Arbeitslosenversicherung	54,41 €
Pflegeversicherung	37,18 €
Krankenversicherung	264,80 €
KV-Sonderbeitrag	32,65 €

AUFGABEN:

a) Ermitteln Sie in einer übersichtlichen Darstellung den Bruttolohn, den Nettolohn und den Auszahlungsbetrag.

b) Buchen Sie die Gehaltsabrechnung nach der Bruttomethode (AG-Anteil inkl. Umlagen: 769,21 €).

III. Steuerwesen (43,0 Punkte)

1. Aufgabe (2,0 Punkte)

a) Was ist *Hauptzweck* der Steuererhebung? Bitte nennen Sie auch die gesetzliche Grundlage.

b) Nennen Sie mindestens ein Beispiel für einen *Nebenzweck* der Steuererhebung.

2. Aufgabe (6,0 Punkte)

Der Mandant Alfons Appelbeck, Münster, erhält am 11.5.2015 den Einkommensteuerbescheid für 2014. Der Bescheid ging am 8.5.2015 zur Post (einfacher Brief). Herr Appelbeck bittet Sie am 20.7.2015, Einspruch gegen den Steuerbescheid einzulegen, da Werbungskosten i.H. von 9 500 € nicht anerkannt wurden.

Nebenbei berichtet Appelbeck von seinem Verkehrsunfall am 6.6.2015. Erst am 19.6.2015 habe er das Krankenhaus wieder verlassen können.

AUFGABE:

Prüfen Sie, ob Sie für Ihren Mandanten Appelbeck noch Einspruch einlegen können. Begründen Sie Ihre Lösung durch eine übersichtliche Fristberechnung.

Auszug aus dem Kalender 2015

	Mai					Juni					Juli					August					
Mo		4	11	18	**25**	1	8	15	22	29		6	13	20	27		3	10	17	24	31
Di		5	12	19	26	2	9	16	23	30		7	14	21	28		4	11	18	25	
Mi		6	13	20	27	3	10	17	24		1	8	15	22	29		5	12	19	26	
Do		7	**14**	21	28	**4**	11	18	25		2	9	16	23	30		6	13	20	27	
Fr	**1**	8	15	22	29	5	12	19	26		3	10	17	24	31		7	14	21	28	
Sa	2	9	16	23	30	6	13	20	27		4	11	18	25		1	8	15	22	29	
So	3	10	17	24	31	7	14	21	28		5	12	19	26		2	9	16	23	30	

Maifeiertag 1. Mai, Christi Himmelfahrt 14. Mai, Pfingstmontag 25. Mai, Fronleichnahm 4. Juni

3. Aufgabe (7,0 Punkte)

An der Tisch und Tennis OHG aus Tübingen sind die Gesellschafter Bunt und Specht mit einem Kapitalanteil von je 50 000 € beteiligt. Die OHG konnte im Jahr 2014 einen handelsrechtlichen Gewinn i. H. von 23 400 € erzielen. Hinsichtlich der Gewinnverteilung besagt der Gesellschaftsvertrag Folgendes:

> ***Gesellschaftsvertrag***
>
> ...
>
> *§ 5 Geschäftsführervergütung, Gewinnverteilung*
>
> *Die Gesellschafter werden zugleich als Geschäftsführer für die OHG tätig. Für diese Tätigkeit erhalten Sie jeweils eine monatliche Vergütung von 2 000 €.*
>
> Der verbleibende Gewinn wird, nach Abzug von Sondervergütungen für die Überlassung von Kapital oder Grundvermögen, nach Köpfen verteilt.

Der Gesellschafter Bunt erhält für die Vermietung einer Lagerhalle monatlich 1 500 € von der OHG.

Die Vergütungen für die Geschäftsführertätigkeit und die Miete wurden in 2014 gezahlt und handelsrechtlich zutreffend als Aufwand gebucht.

AUFGABE:

Ermitteln Sie in einer übersichtlichen Darstellung

1. den steuerrechtlichen Gewinn der OHG,
2. die Einkünfte der Gesellschafter Bunt und Specht unter Angabe der Einkunftsart.

4. Aufgabe (7,0 Punkte)

Mandant Leo Listig ist als Rechtsanwalt selbständig tätig. Den Unterlagen für 2014 entnehmen Sie die unten genannten Angaben.

AUFGABE:

Ordnen Sie die Ausgaben den abzugsfähigen Betriebsausgaben (BA), nicht abzugsfähigen Betriebsausgaben (n. a. BA) und den Kosten privater Lebensführung (privat) zu:

	Ausgabe	BA	n. a. BA	privat
a)	Geldbuße wegen Geschwindigkeitsübertretung (Geschäftsreise).			
b)	Mitgliedsbeitrag Tennisclub 66. Listig kann überhaupt nicht Tennis spielen. Er nutzt die Kontakte aus der Vereinsmitgliedschaft für die Gewinnung neuer Mandanten.			
c)	Anlässlich seines 50. Geburtstags bewirtet Listig seine Freunde und Geschäftspartner im Vereinshaus des Tennisclubs (Anteil Bewirtung Geschäftsfreunde: geschätzt 450 €).			
d)	Abschreibung des Restwerts eines zunächst privat erworbenen und nunmehr ausschließlich betrieblich genutzten Bücherschranks.			
e)	Während einer Gerichtsverhandlung (betrieblich) hat sich Listig die Hose seines ARMANI-Anzugs an der Anklagebank zerrissen (Restwert unstreitig 325 €).			
f)	Wegen verspäteter Abgabe der Steuererklärungen für 2012 musste Listig Verspätungszuschläge an das Finanzamt zahlen (zur Einkommensteuer: 120 €; zur Umsatzsteuer: 70 €).			

5. Aufgabe (12,0 Punkte)

Ernst Emsig aus Eschborn hat im Jahr 2011 ein unbebautes Grundstück zu einem Kaufpreis von 175 000 € zzgl. 5 % Erwerbsnebenkosten erworben. In 2014 hat er auf diesem Grundstück ein Mietwohnhaus errichtet (Bauantrag vom 10. 4. 2012, Fertigstellung 1. 10. 2014). Folgende Kosten sind Emsig diesbezüglich entstanden:

Notar	
Beurkundung Kaufvertrag unbebautes Grundstück	1 250 €
Grundschuldbestellung	3 430 €
Amtsgericht	
Eintragung Eigentumswechsel unbebautes Grundstück	350 €
Eintragung Grundschuld	196 €
Hypothek zur Finanzierung Grundstückserwerb/Gebäudeerrichtung	
Zinsen 2014	9 800 €
Tilgung 2014	3 300 €
Makler (Finanzierung)	2 450 €
Architekt	19 250 €
Aushub der Baugrube	6 000 €
Bauunternehmer (Rohbau)	392 000 €
(davon in 2014 gezahlt: 372 400 €)	

Kosten Handwerker Gewerke	61 000 €
Straßenanliegerbeiträge Eschborn	10 500 €
Fahrten zur Baustelle	140 €
Abwasserkanal	
Anschluss des Grundstücks	1 500 €
Hausanschluss	1 100 €
Kosten für das Richtfest (Handwerker)	310 €
Inserate Wohnungsangebote	170 €
Büromaterial (Mietverträge, ...)	100 €

Soweit sich nichts anderes ergibt, wurden sämtliche Kosten in 2014 bezahlt. Mieteinnahmen sind Emsig im Jahr 2014 noch nicht zugeflossen.

AUFGABEN:

Ermitteln Sie bitte für Herrn Emsig

a) die höchst mögliche Abschreibung 2014 für das Mietwohnhaus in Eschborn,

b) die Höhe der Einkünfte aus Vermietung und Verpachtung für das Jahr 2014.

Berechnungswege und die gesetzlichen Vorschriften (für die Abschreibung und die Einkunftsart) sind anzugeben.

6. Aufgabe (9,0 Punkte)

Karl Kölsch (ledig) aus Köln (geb. 11. 11. 1949) hat in 2014 folgende Einnahmen erzielt:

- Bruttoarbeitslohn — 38 400 €

  Darin sind Versorgungsbezüge i. S. des § 19 EStG (Betriebsrente) i. H. von 33 200 € enthalten.

  Die Betriebsrente wird erstmals ab Februar 2014 gezahlt (Versorgungsbeginn).
- Einnahmen aus Kapitalvermögen — 3 100 €
- Einnahmen aus Vermietung und Verpachtung — 17 000 €
- Werbungskosten aus Vermietung und Verpachtung — 21 200 €

AUFGABE:

Ermitteln Sie in einer übersichtlichen Darstellung den Gesamtbetrag der Einkünfte für den Veranlagungszeitraum 2014. Kölsch wünscht die Einbeziehung der Einkünfte aus Kapitalvermögen im Rahmen der Berechnung (zwecks Günstigerprüfung durch das Finanzamt).

Klausur 6: Lösungen

I. Wirtschafts- und Sozialkunde (21,0 Punkte)

1. Aufgabe (2,0 Punkte)

a)	Unfallversicherung/Berufsgenossenschaft.	**0,5 P**
b)	Kammern (IHK, HK, StBK etc.).	**0,5 P**
c)	Bundesagentur für Arbeit.	**0,5 P**
d)	Gewerkschaften/Arbeitgeberverbände (einzelne Arbeitgeber).	**0,5 P**

2. Aufgabe (3,0 Punkte)

a)	Der Kaufvertrag (Übergabe des Pkw) kann nicht erfüllt werden. Damit erlischt der Anspruch auf vertragsgemäße Leistung (§ 275 Abs. 1 BGB). Herr Everding kann kein anderes Fahrzeug verlangen.	**1,0 P**
b)	Herr Everding kann seine Anzahlung zurück verlangen.	**1,0 P**
c)	Herr Everding kann keinen Schadenersatz verlangen, weil beim Verkäufer kein Verschulden vorliegt (§ 283 und § 281 Abs. 1 BGB).	**1,0 P**

3. Aufgabe (4,0 Punkte)

a)	Der Mandant ist Kaufmann i. S. des § 1 HGB.	**1,0 P**
	Er betreibt ein Handelsgewerbe, weil er eine gewerbliche Tätigkeit ausübt, die nach Art und Umfang einen in kaufmännischer Weise eingerichteten Geschäftsbetrieb erfordert.	**1,0 P**
b)	*Rechte eines Kaufmanns:*	
	Führung einer Firma.	
	Ernennung von Prokuristen.	
	Erklärung eines vom Kalenderjahr abweichenden Wirtschaftsjahres.	**1,0 P**
	Pflichten eines Kaufmanns:	
	Eintragung der Firma ins Handelsregister.	
	Eintragung erteilter Prokura ins Handelsregister.	
	Führung von Handelsbüchern.	**1,0 P**

4. Aufgabe (4,0 Punkte)

a)	Der Mandant braucht nur die Zeitungen und Zeitschriften zu bezahlen, die er verkaufen konnte.	**1,0 P**
	Er kann die unverkauften Exemplare zurückgeben (kein Verkaufsrisiko).	**1,0 P**
b)	Vertragspartner sind der Mandant und seine Kunden.	**1,0 P**
	Der Kommissionär handelt in eigenem Namen auf Rechnung des Kommittenten.	**1,0 P**

5. Aufgabe (8,0 Punkte)

a) Der minderjährige Florian K. hat von seinen Eltern die Zustimmung zur Ausübung einer gewerblichen Tätigkeit erhalten. Er wird dadurch für alle mit dem Betrieb zusammenhängenden Rechtsgeschäfte *unbeschränkt geschäftsfähig* (§ 112 Abs. 1 BGB). **1,0 P**

Der Kaufvertrag zum Erwerb des Computers ist damit auch ohne Zustimmung der Eltern rechtsgültig erfolgt. **1,0 P**

b) Die Anschaffung der Stereoanlage erfolgt nicht für den Betrieb von Florian. Er ist insoweit *beschränkt geschäftsfähig*. **1,0 P**

Der Kaufvertrag ist zunächst *schwebend unwirksam* und wird durch die fehlende Einwilligung der Eltern *unwirksam*. **1,0 P**

c) Die Abgabe der Umsatzsteuer- und Gewerbesteuererklärungen ist richtig erfolgt, da sie mit der betrieblichen Tätigkeit zusammenhängt. **1,0 P**

Die Abgabe der Einkommensteuererklärung kann wirksam nur mit Unterschrift des gesetzlichen Vertreters (der Eltern) erfolgen (§ 107 BGB). **1,0 P**

d) Das Verbot der Eltern, den Betrieb fortzuführen, ist unwirksam. **1,0 P**

Die Ermächtigung zum selbständigen Betrieb eines Erwerbsgeschäfts kann von den Eltern nur mit Zustimmung des Vormundschaftsgerichts zurückgenommen werden (§ 112 Abs. 2 BGB). **1,0 P**

II. Rechnungswesen (36,0 Punkte)

1. Aufgabe (4,0 Punkte)

	Geschäftsvorfall	Gewinn	Bilanzsumme
a)	Warenverkauf auf Ziel. Der Nettowarenwert beträgt 250 € zzgl. 47,50 € USt.	+ 250,00 € **0,5 P**	+ 297,50 € **0,5 P**
b)	Darlehensaufnahme für den Umbau des Ladengeschäfts Anfang April i. H. von 100 000 €. Das Darlehen wird zu 95 % ausgezahlt.	0 €	+ 100 000,00 € **1,0 P**
c)	Das Disagio aus der Darlehensaufnahme wird anteilig mit 1 250 € als Zinsaufwand berücksichtigt.	./. 1 250,00 € **0,5 P**	./. 1 250,00 € **0,5 P**
d)	Die Sparkasse belastet das Bankkonto zum 30. 6. mit 7 000 €, wovon 2 000 € auf Zinsen entfallen. Das Bankkonto weist einen Schuldsaldo aus.	./. 2 000,00 € **0,5 P**	0 € **0,5 P**

2. Aufgabe (8,0 Punkte)

a) *Ermittlung des Wareneinsatzes*

Warenbestand 1. 1.		165 668 €	
+ Wareneingang	873 708 €		0,5 P
+ Warenbezugskosten	13 224 €		0,5 P
./. Erhaltene Skonti	5 708 €	881 224 €	0,5 P
		1 046 892 €	
./. Warenbestand 31. 12.		156 816 €	0,5 P
= Wareneinsatz		890 076 €	0,5 P

b) *Ermittlung des Rohgewinns*

Umsatzerlöse	1 489 892 €		
./. Rückgaben von Kunden	6 432 €	1 483 460 €	
./. Wareneinsatz		890 076 €	
= Rohgewinn		593 384 €	1,5 P

c) *Ermittlung des Kalkulationszuschlags*

$$\frac{\text{Rohgewinn x 100}}{\text{Wareneinsatz}} = \frac{593\,384 \text{ x } 100}{890\,076} = 66\,{}^2/_3\,\%$$ **2,0 P**

d) *Ermittlung der Handelsspanne*

$$\frac{\text{Rohgewinn x 100}}{\text{Umsatzerlöse}} = \frac{593\,384 \text{ x } 100}{1\,483\,460} = 40\,\%$$ **2,0 P**

3. Aufgabe (4,0 Punkte)

BGA	3 650,00 €			
EDV-Software	920,00 €			
GWG	145,00 €			
Vorsteuern	895,85 €	an	Bank	5 610,85 €

4,0 P

ERGÄNZENDE HINWEISE:

1. Der Laserdrucker ist kein selbständig nutzbares Wirtschaftsgut (vgl. BFH, BStBl II 2004, 958). Er ist daher als BGA zu erfassen, nicht jedoch als GWG-Sammelposten.

2. Computerprogramme sind immaterielle Wirtschaftsgüter und als solche grundsätzlich nicht beweglich/ selbständig nutzbar. Das Spezialprogramm erfüllt daher ebenfalls nicht die Voraussetzungen für ein GWG. Vgl. auch BFH-Urteil vom 18. 05. 2011, X R 26/09.

3. Ausnahme zu 2.: Trivialprogramme sind dagegen nach Auffassung der Finanzverwaltung (R 5.5 Abs. 1 EStR) abnutzbare, bewegliche und selbständig nutzbare Wirtschaftsgüter. Computerprogramme, deren AK nicht mehr als 410 € betragen, sind nach der o. a. Auffassung der Finanzverwaltung wie Trivialprogramme zu behandeln (Der BFH hat zwar ausdrücklich offen gelassen, ob er sich dieser Auffassung anschließt –

vgl. BFH vom 18. 05. 2011, a. a. O. Die Auffassung der Finanzverwaltung führt aber zu einer für den Mandanten günstigen Lösung – GWG – und ist damit in der Klausur anzuwenden). Bei der Software Windows 8 liegen somit die Voraussetzungen des § 6 Abs. 2 EStG (GWG) vor. Da der Sofortabzug als GWG in 2014 gem. § 6 Abs. 2 EStG steuerlich günstiger ist als die Abschreibung über die Nutzungsdauer, erfolgt hier die Buchung auf das Konto GWG.

4. Aufgabe (6,0 Punkte)

Anteilige Lieferung Ladengeschäft ($^{10}/_{40}$)

Heizung (Betrieb)	2 965,00 €			
Vorsteuern	563,35 €	an	Bank	3 528,35 €
				2,0 P

Anteilige Lieferung betriebl. Mietwohngrundstück ($^{25}/_{40}$)

Sonstige betriebliche Aufwendungen	8 820,88 €	an	Bank	8 820,88 €
				2,0 P

ERGÄNZENDER HINWEIS:

Aufwendungen für das betriebliche Mietwohngrundstück sind Betriebsausgaben. Ein Vorsteuerabzug ist nicht möglich, weil steuerfreie Umsätze nach § 4 Nr. 12 Buchst. a) UStG ausgeführt werden (§ 15 Abs. 2 Nr. 1 und Abs. 4 UStG).

Anteilige Lieferung privates Einfamilienhaus ($^{5}/_{40}$)

Privatentnahme	1 764,17 €	an	Bank	1 764,17 €
				2,0 P

5. Aufgabe (7,0 Punkte)

a) Ermittlung der Anschaffungskosten

Listenpreis Pkw	29 600 €	
+ Sonderausstattung	400 €	**0,5 P**
	30 000 €	
./. Rabatt 5 %	1 500 €	**0,5 P**
= Netto-Kaufpreis	28 500 €	
+ Auslagen für die Zulassung lt. Beleg	40 €	**1,0 P**
+ Auslagen für die Nummernschilder lt. anliegender Rechnung (netto)	20 €	**1,0 P**
Anschaffungskosten	28 560 €	

b) Buchung des Anschaffungsvorgangs

Pkw	28 560,00 €			
Vorsteuer	5 432,10 €			
Fahrzeugkosten	70,00 €	an	sonstige Verbindl.	34 062,10 €
				2,0 P

c) AfA

Lineare AfA 25 % von 28 560 € =	7 140 €	**1,0 P**
für zehn Monate	= 5 950 €	**1,0 P**

6. Aufgabe (7,0 Punkte)

a)

Gehalt Monat März	3.230,50 €	
+ AG-Anteil VL	40,00 €	
+ geldwerter Vorteil	357,00 €	
= Bruttolohn	**3 627,50 €**	**1,0 P**
./. Lohnsteuer	357,16 €	
./. Kirchensteuer	0,00 €	
./. Solidaritätszuschlag	0,00 €	
./. Rentenversicherung	342,80 €	
./. Arbeitslosenversicherung	54,41 €	
./. Pflegeversicherung	37,18 €	
./. Krankenversicherung	297,45 €	
= Nettolohn	**2 538,50 €**	**1,0 P**
./. VL	40,00 €	
./. geldwerter Vorteil	357,00 €	
= Auszahlungsbetrag	**2 141,50 €**	**1,0 P**

b) Buchungen:

Gehälter	3 587,50 €			
AG-Anteil VL	40,00 €			
		an	Verbindl. LSt/KiSt/SolZ	357,16 €
		an	Verbindl. soziale Sicherheit	731,84 €
		an	Verbindl. VL	40,00 €
		an	Verbindl. Lohn/Gehalt	2 141,50 €
		an	verr. Sachbezüge	300,00 €
		an	Umsatzsteuer	57,00 €
				3,0 P
Gesetzlicher sozialer Aufwand	769,21 €	an	Verbindl. soziale Sicherheit	769,21 €
				1,0 P

III. Steuerwesen (43,0 Punkte)

1. Aufgabe (2,0 Punkte)

a) Hauptzweck der Steuererhebung ist die Erzielung von Einnahmen, § 3 Abs. 1 AO. **1,0 P**

b) Nebenzweck ist u. a. die Konsumlenkung, z. B. Tabaksteuer (Gesundheitsförderung), Mineralölsteuer bzw. Stromsteuer (Umweltschutz), ... **1,0 P**

2. Aufgabe (6,0 Punkte)

Berechnung der Einspruchsfrist

Bescheid zur Post am	8. 5. 2015	**0,5 P**
Bekanntgabe (+ 3 Tage)	11. 5. 2015 (Montag)	**0,5 P**
Beginn der Einspruchsfrist	12. 5. 2015, 0.00 Uhr (bzw. mit Ablauf des 11. 5. 2015)	
Ende der Einspruchsfrist	11. 6. 2015, 24.00 Uhr (Donnerstag)	**1,0 P**

Wiedereinsetzung in den vorigen Stand ist möglich, denn

- gesetzliche Frist (Einspruchsfrist)
- ohne Verschulden versäumt (Krankenhausaufenthalt nach Verkehrsunfall).

Antrag auf Wiedereinsetzung / Nachholung versäumter Handlung (Einlegung des Einspruchs) binnen Monatsfrist (ab Wegfall des Hindernisses = Entlassung aus dem Krankenhaus).

Berechnung der Wiedereinsetzungsfrist

Wegfall des Hindernisses	19. 6. 2015	**0,5 P**
Beginn der Wiedereinsetzungsfrist	20. 6. 2015, 0.00 Uhr (bzw. mit Ablauf des 19. 6. 2015)	**0,5 P**
Ende der Wiedereinsetzungsfrist	19. 7. 2015, 24.00 Uhr = Sonntag	**0,5 P**
Fristende verschiebt sich auf	Montag, 20. 7. 2015, 24.00 Uhr	**0,5 P**

Für den Mandanten Appelbeck kann am 20. 7. 2015 noch Wiedereinsetzung in den vorigen Stand gem. § 110 AO beantragt werden. Damit kann am 20. 7. 2015 auch noch fristgerecht Einspruch eingelegt werden. **2,0 P**

3. Aufgabe (7,0 Punkte)

1. Ermittlung des steuerrechtlichen Gewinns der Tisch und Tennis OHG

Handelsrechtlicher Gewinn 2014	23 400 €	
+ Vergütung für Geschäftsführertätigkeit (2 000 € x 12 Monate x 2 Gesellschafter =)	48 000 €	**1,0 P**
+ Miete für die Lagerhalle (1 500 € x 12 Monate =)	18 000 €	**1,0 P**
steuerrechtlicher Gewinn der OHG für 2014	89 400 €	

2. Einkünfte der Gesellschafter

	Bunt	Specht	gesamt	
Geschäftsführervergütung	24 000 €	24 000 €	48 000 €	**1,0 P**
Miete Lagerhalle	18 000 €		18 000 €	**0,5 P**
Restgewinn (je 1/2-Anteil)	11 700 €	11 700 €	23 400 €	**2,0 P**
zu versteuernder Gewinnanteil	53 700 €	35 700 €	89 400 €	**0,5 P**

Die Gesellschafter Bunt und Specht erzielen aus ihrer Beteiligung an der OHG (einschließlich Geschäftsführervergütung und Mieteinkünfte) Einkünfte aus Gewerbebetrieb i. S. des § 15 Abs. 1 Nr. 2 EStG. **1,0 P**

4. Aufgabe (7,0 Punkte)

	Ausgabe	BA	n. a. BA	privat
a)	Geldbuße wegen Geschwindigkeitsübertretung (Geschäftsreise).		X	
b)	Mitgliedsbeitrag Tennisclub 66. Listig kann überhaupt nicht Tennis spielen. Er nutzt die Kontakte aus der Vereinsmitgliedschaft für die Gewinnung neuer Mandanten.			X
c)	Anlässlich seines 50. Geburtstags bewirtet Listig seine Freunde und Geschäftspartner im Vereinshaus des Tennisclubs (Kosten für Bewirtung Geschäftsfreunde: geschätzt 450 €).			X
d)	Abschreibung des Restwerts eines zunächst privat erworbenen und nunmehr ausschließlich betrieblich genutzten Bücherschranks.	X		
e)	Während einer Gerichtsverhandlung (betrieblich) hat sich Listig die Hose seines ARMANI-Anzugs an der Anklagebank zerrissen (Restwert unstreitig 325 €).	X		
f)	Wegen verspäteter Abgabe der Steuererklärungen für 2012 musste Listig Verspätungszuschläge an das Finanzamt zahlen (zur Einkommensteuer: 120 €; zur Umsatzsteuer: 70 €).	X VZ zur USt		X VZ zur ESt

je Kreuz 1,0 P

5. Aufgabe (12,0 Punkte)

a) Ermittlung der höchst möglichen Abschreibung 2014 für Ernst Emsig

Ermittlung der Herstellungskosten des Gebäudes:		
Architekt	19 250 €	0,5 P
Aushub der Baugrube	6 000 €	0,5 P
Bauunternehmer (Rohbau)	392 000 €	0,5 P
Kosten Handwerker Gewerke	61 000 €	0,5 P
Abwasserkanal (Hausanschluss)	1 100 €	0,5 P
Fahrten zur Baustelle	140 €	0,5 P
Kosten für das Richtfest (Handwerker)	310 €	0,5 P
Herstellungskosten insgesamt	479 800 €	
kein Ansatz		
- Notar Kaufvertrag		0,5 P
- Amtsgericht Eigentumserwerb		0,5 P
- Straßenanliegerbeiträge		0,5 P
- Abwasserkanal (Anschluss des Grundstücks)		0,5 P
Abschreibung für das Jahr 2014, § 7 Abs. 4 Nr. 2a) EStG		1,0 P
479 800 € x 2 % x $^{3}/_{12}$ =	2 399 €	1,0 P

ERGÄNZENDE HINWEISE:

Zu den Herstellungskosten eines Gebäudes gehören neben den eigentlichen Baukosten z. B. auch die Hausanschlusskosten sowie Kosten, die im Zusammenhang mit der Bauplanung und -genehmigung entstehen. Nicht zu den Herstellungskosten des Gebäudes, sondern zu den Anschaffungskosten des Grund und Bodens, gehören kommunale Beitragsleistungen, die bezogen auf das Grundstück erhoben werden (Straßenanliegerbeiträge).

Die Abschreibung beginnt mit der Herstellung = Fertigstellung des Gebäudes (1. 10. 2014). Das gilt auch, wenn Teile der Herstellungskosten noch nicht bezahlt sind (hier: Teil der Rohbaukosten).

b) Ermittlung der Einkünfte aus Vermietung und Verpachtung 2014, § 21 Abs. 1 Nr. 1 EStG		0,5 P
Einnahmen:		
Mieteinnahmen	0 €	
Werbungskosten		
Schuldzinsen	9 800 €	0,5 P
Geldbeschaffungskosten		0,5 P
- Notar (Grundschuldbestellung)	3 430 €	0,5 P
- Amtsgericht (Grundschuld)	196 €	0,5 P

- Makler (Finanzierung)	2 450 €	0,5 P
Inserate Wohnungsangebote	170 €	0,5 P
Büromaterial (Mietverträge, ...)	100 €	0,5 P
Abschreibung	2 399 €	0,5 P
Werbungskosten insgesamt	./. 18 545 €	
Einkünfte aus Vermietung und Verpachtung	./. 18 545 €	

6. Aufgabe (9,0 Punkte)

Einnahmen aus nichtselbständiger Arbeit	38 400 €		
davon aus aktiver Beschäftigung	5 200 €		0,5 P
./. Arbeitnehmer-Pauschbetrag	./. 1 000 €		0,5 P
verbleiben		4 200 €	
Versorgungsbezüge	33 200 €		
./. Versorgungsfreibetrag			
33 200 € x $^{12}/_{11}$ x 25,6 % x $^{11}/_{12}$ = 8 500 €,			
höchstens 1 920 € x $^{11}/_{12}$ =	./. 1 760 €		1,5 P
./. Zuschlag zum Versorgungsfreibetrag			
576 € x $^{11}/_{12}$ =	./. 528 €		1,0 P
./. Werbungskosten-Pauschbetrag	./. 102 €		0,5 P
verbleiben		30 810 €	
Einkünfte aus nichtselbständiger Arbeit		35 010 €	0,5 P
Einnahmen aus Kapitalvermögen	3 100 €		
./. Sparer-Pauschbetrag	./. 801 €		0,5 P
Einkünfte aus Kapitalvermögen		2 299 €	1,0 P
Einnahmen aus Vermietung und Verpachtung	17 000 €		
./. Werbungskosten	./. 21 200 €		0,5 P
Einkünfte aus Vermietung und Verpachtung		./. 4 200 €	0,5 P
Summe der Einkünfte		33 109 €	0,5 P
Altersentlastungsbetrag, § 24a EStG			
Arbeitslohn ohne Versorgungsbezüge			
(38 400 € ./. 33 200 € =)	5 200 €		
positive Summe übrige Einkünfte			
(2 299 € ./. 4 200 € =)	0 €		
Altersentlastungsbetrag (5 200 € x 25,6 %, max.)		./. 1 331 €	1,0 P
Gesamtbetrag der Einkünfte		31 778 €	0,5 P

ERGÄNZENDE HINWEISE:

Die Einkünfte aus Kapitalvermögen unterliegen der Abgeltungsteuer von 25 % und müssen demnach in die Berechnung des zu versteuernden Einkommens nicht einbezogen werden (§ 43 Abs. 5 EStG).

Der Mandant kann jedoch die Einbeziehung der Kapitalerträge in seine Veranlagung beantragen (§ 32d Abs. 4 EStG). In diesem Fall sind auch Dividenden zu 100 % anzusetzen. Der Sparer-Pauschbetrag beträgt 801 / 1 602 € (Alleinstehende / Ehegatten). Ein Abzug tatsächlich entstandener Werbungskosten ist nicht möglich.

Dennoch sind die Kapitalerträge oftmals im Rahmen der Steuererklärung zumindest zu erklären, da vielfach keine Berücksichtigung im Rahmen der Kirchensteuer erfolgte. Darüber hinaus ist die Angabe zum Zwecke der Günstigerprüfung (auch im Zusammenhang mit der Berechnung des Altersentlastungsbetrags) möglich.

Klausur 7: Aufgaben

I. Wirtschafts- und Sozialkunde (21,5 Punkte)

1. Aufgabe (5,5 Punkte)

Steuerberater Schürmann beschäftigt seit dem 1.8.2014 Maria Borgmann als Auszubildende. Maria ist 17 Jahre alt und unterliegt deshalb dem Jugendarbeitsschutzgesetz. Beurteilen Sie, ob die folgenden Regelungen nach diesem Gesetz zulässig sind. Begründen Sie Ihre Auffassung.

a) Die wöchentliche Arbeitszeit beträgt 40 Stunden. Um bereits freitags um 12.00 Uhr die Praxis schließen zu können, ist die Arbeitszeit von Montag bis Donnerstag auf jeweils 9 Stunden festgesetzt worden.

b) Gelegentlich wird von Maria verlangt, dass sie auch einmal 11 Stunden arbeiten soll, wenn wegen Erkrankung von Kolleginnen oder Kollegen Umsatzsteuervoranmeldungen sonst nicht rechtzeitig erstellt und abgegeben werden können. Ein entsprechender Freizeitausgleich wird dann nach dem 15. des betreffenden Monats gewährt.

c) Maria geht donnerstags zur Berufsschule und hat an diesem Tag von 8.00 Uhr an 7 Unterrichtsstunden. Jede Unterrichtsstunde dauert 45 Minuten. Im Anschluss an den Berufsschulunterricht soll sie noch zwei Stunden in der Praxis tätig sein.

2. Aufgabe (4,0 Punkte)

Die Firma Overschmidt hat am 15.1.2015 bei der Druckerei Claassen 10 000 Blatt Rechnungsformulare mit dem Briefkopf der Firma und dem Firmen-Logo bestellt. Der Auftragseingang wurde schriftlich bestätigt und die Lieferung zum 12.2.2015 verbindlich zugesagt.

Wie sich erst am 13.2.2015 herausstellte, wurde der Auftrag durch ein Versehen bei der Druckerei falsch abgeheftet und nicht weiter bearbeitet.

AUFGABEN:

a) Prüfen Sie, ob die Druckerei mit der Lieferung in Verzug geraten ist.
b) Nennen Sie die Rechte, die die Firma Overschmidt grds. gegenüber der Druckerei geltend machen kann.

3. Aufgabe (3,0 Punkte)

Irene Stadtmann ist Friseurmeisterin und beantragt bei der Sparkasse Bochum einen Kredit über 120 000 €, um die neue Geschäftseinrichtung ihres Friseursalons finanzieren zu können. Ihr Lebenspartner, der Finanzbeamte Werner Greulich, hat sich bereit erklärt, für diesen Darlehensbetrag zu bürgen.

AUFGABEN:

a) Wem gegenüber und in welcher Form ist die Bürgschaftserklärung abzugeben?
b) Unter welchen Voraussetzungen ist im Falle einer gewöhnlichen Bürgschaft und im Falle einer selbstschuldnerischen Bürgschaft eine Inanspruchnahme des Bürgen möglich?

4. Aufgabe (3,5 Punkte)

Der Mandant Volker Leineweber betreibt als Installateurmeister in Wesel einen Fachbetrieb für Heizungs-, Gas- und Wasserinstallation. Er hat bei seiner Bank eine Erweiterung des bereits bestehenden Kreditrahmens beantragt. Der Kredit soll durch die bei der Firma Leineweber bestehenden Forderungen abgesichert werden. Die Kunden der Firma Leineweber sollen über die Absicherung nicht informiert werden.

AUFGABEN:

a) Wie nennt man diese Form der Abtretung?

b) Nennen Sie drei Risiken bei dieser Form der Kreditsicherung.

5. Aufgabe (5,5 Punkte)

In der Praxis Ihres Arbeitgebers werden u. a. folgende Mandanten betreut:

a) Zahnarzt Dr. Kröger (Umsatz 230 000 €, Gewinn 109 000 €). Er ist nicht im Handelsregister eingetragen.

b) Schreibwaren-Einzelhandel (Umsatz 125 000 €, Gewinn 13 000 €), im Handelsregister eingetragen.

c) Handelsvertreter (Umsatz 222 000 €, Gewinn 32 000 €), nicht im Handelsregister eingetragen.

d) Steuerberatungsgesellschaft in der Rechtsform einer GmbH (Umsatz 320 000 €, Gewinn 12 000 €) mit Eintrag im Handelsregister.

AUFGABE:

Stellen Sie fest, welche dieser Mandanten, die alle *keinen* in kaufmännischer Weise eingerichteten Geschäftsbetrieb unterhalten, Kaufmann i. S. des HGB sind.

Begründen Sie Ihre Entscheidung.

II. Rechnungswesen (37,0 Punkte)

Dachdeckermeister Heinz Peitzmeier führt seit Jahren seinen Handwerksbetrieb in Osnabrück. Der Betrieb ist im Handelsregister eingetragen. Der Mandant ermittelt seinen Gewinn durch Betriebsvermögensvergleich (§ 5 und § 4 Abs. 1 EStG). Das Wirtschaftsjahr stimmt mit dem Kalenderjahr überein. Die Umsätze werden nach den allgemeinen Vorschriften des UStG versteuert. Voranmeldungszeitraum ist der Kalendermonat.

1. Aufgabe (12,0 Punkte)

Für das Wirtschaftsjahr 2014 ergeben sich aus der Buchführung, der Inventur und dem Anlageverzeichnis der Firma Peitzmeier zum 31. 12. folgende Beträge:

Warenbestand 31. 12.	12 423 €
Wareneingang	145 456 €
Warenbestand 1. 1.	5 708 €
Fuhrpark	47 516 €
Kasse	478 €
Betriebs- und Geschäftsausstattung	22 246 €
Bankguthaben	3 122 €
Forderungen aus LuL	134 278 €
Verbindlichkeiten aus LuL	109 416 €
Umsatzsteuerschuld	3 222 €
Erlöse	458 887 €
Löhne und Gehälter	84 321 €
Fahrzeugkosten	19 412 €
Mietaufwendungen	9 000 €
Absetzungen für Abnutzung	4 850 €
sonstige Betriebsausgaben	13 557 €
Entnahmen	112 293 €
Einlagen	2 200 €

AUFGABEN:

a) Erstellen Sie aus den vorstehenden Beträgen die Bilanz zum 31. 12. und die Gewinn- und Verlustrechnung für das Wirtschaftsjahr.

b) Stellen Sie die Kapitalentwicklung vom 1. 1. bis zum 31. 12. dar. Das Kapital zum 1. 1. betrug 28 512 €.

2. Aufgabe (9,0 Punkte)

Bilden Sie die Buchungssätze zu den folgenden Geschäftsvorfällen:

a) Ein Schuldwechsel für die Rechnung ER 0815/14 i. H. von 22 412 € wird akzeptiert.

b) Die Liefererrechnung ER 0813/14 über 5 600 € zzgl. 19 % Umsatzsteuer wird unter Abzug von 2 % Skonto durch Banküberweisung von Peitzmeier beglichen (Nettobuchung).

c) Ein Kunde überweist zum Ausgleich der Warenrechnung AR 1222/14 nach Abzug von 3 % Skonto 4 848,06 € auf das betriebliche Bankkonto. Die Lieferung unterliegt dem Steuersatz von 19 %.

d) Die Bank löst einen Schuldwechsel ein. Die Wechselsumme beträgt 12 000 €. Es sind Bearbeitungsgebühren i. H. von 132 € angefallen.

e) Ein Kundenwechsel über 7 500 € wird von der Bank diskontiert. Es werden 178,50 € Diskont und 22 € Bearbeitungskosten berechnet. Dem Kunden wurde die Entgeltsminderung ordnungsgemäß mitgeteilt.

3. Aufgabe (4,0 Punkte)

Stellen Sie fest, welche Auswirkungen die Buchung der folgenden Geschäftsvorfälle auf den Gewinn 2014 der Firma Peitzmeier haben. Geben Sie die Auswirkungen mit dem zutreffenden Vorzeichen (+ / ./.) in €-Beträgen an.

	Geschäftsvorfall	Gewinn
a)	Die Bruttobuchung der Löhne für den Monat Mai erfolgt i. H. von 21 000 €. Es werden 13 250 € ausgezahlt. Der AG-Anteil zur Sozialversicherung beträgt 4 000 €.	
b)	Eine Entnahme von Baustoffen muss noch gebucht werden. Der Einkaufspreis (= Teilwert) betrug 800 € netto, der Verkaufspreis hätte 1 044 € einschl. USt betragen.	
c)	Der Schornsteinfeger bestätigt die Barzahlung der Kehrgebühren für das Betriebsgrundstück i. H. von 26,66 € mit einer ordnungsgemäßen Quittung.	
d)	Ein Kunde überweist 15 470 € zum Ausgleich einer bereits gebuchten Ausgangsrechnung über 13 000 € zzgl. 19 % USt auf das betriebliche Bankkonto.	

4. Aufgabe (4,0 Punkte)

Mandant Peitzmeier hat Ende Mai 2014 einen zum Betriebsvermögen gehörenden Pkw seinem 19-jährigen Sohn zum bestandenen Abitur geschenkt. Das Fahrzeug hatte zum 31. 12. 2014 einen Restbuchwert von 5 400 €. Es wurde bisher linear mit 20 % der ursprünglichen Anschaffungskosten von 18 000 € abgeschrieben.

Gleichwertige Fahrzeuge waren Ende Mai 2014 für 8 400 € zzgl. 19 % USt bei Autohändlern zu kaufen. Das Autohaus Weber hatte Herrn Peitzmeier für das Fahrzeug nur 7 000 € zzgl. 19 % USt geboten, wenn er ihn beim Kauf eines Neuwagens in Zahlung geben will.

AUFGABE:

Nehmen Sie alle erforderlichen Buchungen vor.

5. Aufgabe (8,0 Punkte)

Die Firma Peitzmeier erwarb Anfang Februar 2014 von der Firma Jungheinrich Vertriebs-GmbH einen elektrischen Gabelstapler und eine Spezial-Sackkarre. Die Rechnung weist folgende Beträge aus:

1 Gabelstapler „Herkules 3000“	32 440,00 €
1 Block Wechsel-Akkus	1 660,00 €
1 Sackkarre	410,00 €
Nettowert	34 510,00 €
+ 19 % Umsatzsteuer	6 556,90 €
Rechnungsbetrag	41 066,90 €

Diese Rechnung wurde vereinbarungsgemäß unter Inanspruchnahme von 3 % Skonto per Banküberweisung beglichen.

AUFGABEN:

a) Ermitteln Sie in einer übersichtlichen Darstellung die Anschaffungskosten der aktivierungspflichtigen Wirtschaftsgüter.

b) Buchen Sie die Anschaffung der Wirtschaftsgüter/den Rechnungseingang.

c) Buchen Sie die Banküberweisung.

d) Der Gabelstapler hat eine voraussichtliche Nutzungsdauer von 8 Jahren, die Sackkarre eine von 12 Jahren. Die Firma erfüllt nicht die Voraussetzungen des § 7g EStG. Buchen Sie die für 2014 höchstzulässigen Abschreibungen.

III. Steuerwesen (41,5 Punkte)

1. Aufgabe (3,0 Punkte)

Bei den öffentlich-rechtlichen Abgaben unterscheidet man Steuern, steuerliche Nebenleistungen, Gebühren und Beiträge.

Bestimmen Sie durch Ankreuzen, ob es sich bei den nachfolgenden aufgeführten Abgaben um

- Steuern,
- steuerliche Nebenleistungen,
- Gebühren,
- Beiträge oder
- um keine der vorgenannten öffentlich-rechtlichen Abgaben

handelt.

Sachverhalt	Steuern	Steuerliche Nebenleistungen	Gebühren	Beiträge	Keine öffentlich-rechtliche Abgabe
1. Für die Vermessung des Grundstücks erhebt das Katasteramt der Gemeinde …					
2. Für den Veranlagungszeitraum 2014 muss Ihre Mandantin einen Solidaritätszuschlag i. H. von 2 579 € entrichten.					
3. Ihr Mandant hat sich – erfolglos – versucht gegen einen Bußgeldbescheid für „zu dichtes Auffahren" zu wehren. Das Honorar des Rechtsanwalts beträgt 585 €.					
4. Für die Einfuhr neuer Büromöbel entrichtet Ihr Mandant Zölle i. H. von 1 371 €.					
5. Die Kommune erhebt von Grundstückseigentümern für die Wasserversorgung, Kanalisation, den Straßenbau usw. in einem Neubaugebiet Erschließungs …					
6. Das Finanzamt setzt gegen einen Mandanten wegen Nichtabgabe der Steuererklärungen 2012 ein Zwangsgeld i. H. von 200 € fest.					

2. Aufgabe (5,0 Punkte)

Sven Smöre aus Sonderborg (Dänemark) ist als angestellter Segellehrer bei der Yachtschule *„Leinen los"* in Flensburg tätig. Sein Bruttoarbeitslohn betrug in 2014 34 620 €. In Dänemark hatte Smöre 2014 Einkünfte von umgerechnet 5 110 € (Nachweis der dänischen Finanzbehörde liegt vor).

AUFGABE:

Bitte beurteilen Sie die persönliche Einkommensteuerpflicht des Sven Smöre in Deutschland.

3. Aufgabe (8,0 Punkte)

Gastwirt Bernhard Klunker gibt seine Umsatzsteuer-Voranmeldungen monatlich ab. Für den Monat Mai 2015 sind u. a. folgende Sachverhalte zu berücksichtigen:

AUFGABEN:

a)	Tageseinnahmen aus dem Gaststättenbetrieb.	12 820 €
b)	Einnahmen aus dem Außer-Haus-Verkauf von Grillhähnchen.	360 €
c)	Einnahmen aus dem Außer-Haus-Verkauf von Flaschenbier.	180 €
d)	Bewirtung von Gästen anlässlich der Feier seines 50. Geburtstages. Die Kosten für die Feier betrugen (netto). Fremden Gästen hätte er dafür insgesamt 1 190 € berechnet.	400 €

Stellen Sie die jeweilige Art des Umsatzes unter Angabe der gesetzlichen Regelung fest, ermitteln Sie die Bemessungsgrundlage und berechnen Sie die jeweils anfallende Umsatzsteuer. Die Ergebnisse sind in die nachfolgende Tabelle einzutragen.

	Art des Umsatzes	Bemessungsgrundlage	Umsatzsteuer
a)			
b)			
c)			
d)			

4. Aufgabe (15,5 Punkte)

Hans Glück hat am 1. 10. 2014 das Mehrfamilienhaus „Bochum, Schlossallee 12" (Baujahr 1924) von seinem Vater geerbt.

Er hat im November 2014 ein Wertgutachten für das bebaute Grundstück erstellen lassen. Der Gutachter hat den gemeinen Wert des Gebäudes mit 475 000 €, den Wert des Grundstücks mit 150 000 € ermittelt. Die Kosten des Gutachtens haben 625 € betragen und wurden noch im Jahre 2014 von Glück bezahlt.

Der Vater von Hans Glück hatte das bebaute Grundstück im Jahre 1984 für 500 000 € erworben (das Verhältnis des Gebäudewerts zum Bodenanteil entspricht dem Wertverhältnis lt. Gutachten).

Glück hat im Jahr 2014 begonnen, das Dachgeschoss des Mehrfamilienhauses auszubauen. Die neu geschaffene Wohnung soll ab Fertigstellung in 2015 ebenfalls vermietet werden. In 2014 hat Glück diesbezüglich bereits eine Anzahlung geleistet. Darüber hinaus hat Glück im Oktober Balkone an die Fassade des Gebäudes setzen lassen (bisher waren keine Balkone vorhanden). Die Rechnung des Bauunternehmens (insgesamt 7 000 €) hat Glück erst Anfang 2015 erhalten und bezahlt.

Hans Glück legt Ihnen Anfang 2015 folgenden Kontoauszug, das Vermietungsobjekt betreffend, vor.

Ermitteln Sie die Höhe der Einkünfte aus Vermietung und Verpachtung für den Veranlagungszeitraum 2014.

Sparkasse Bochum Kontoauszug Nr. 1 vom 30. 12. 2014 Blatt 1

Währung €

Buch.-Tag	**Wert**	**Erläuterung/Verwendungszweck**	**Umsatz (S = Soll, H = Haben)**
		Kontostand	0,00 H
2. 10.	2. 10.	Bareinzahlung	1 750,00 H
2. 10.	2. 10.	Miete Meikamp, Bochum, Schlossallee	560,00 H
4. 10.	4. 10.	Miete Bonz, Bochum, Schlossallee	610,00 H
8. 10.	8. 10.	HausversicherungDirekt Gebäudeversicherung 10. bis 12. 2014	140,00 S
10. 10.	10. 10.	Schulz, Miete 10/ 2014	490,25 H
2. 11.	2. 11.	Miete Meikamp, Bochum, Schlossallee	560,00 H
2. 11.	2. 11.	Miete Bonz, Bochum, Schlossallee	610,00 H
8. 11.	8. 11.	Firma „Rohr frei“, Reparatur Wasserschaden Schlossallee	495,00 S
12. 11.	12. 11.	Schulz, Miete 11/ 2014	490,25 H
15. 11.	16. 11.	Stadtwerke 10. bis 11. 2014	404,00 S
20. 11.	20. 11.	Auszahlung Geldautomat Bochum-City	200,00 S
3. 12.	3. 12.	Miete Meikamp, Bochum, Schlossallee	560,00 H
3. 12.	3. 12.	Miete Bonz, Bochum, Schlossallee	610,00 H
11. 12.	11. 12.	„Der Dachdecker“ Anzahlung Ausbau Dachgeschoss Schlossallee	5 800,00 S
13. 12.	13. 12.	Valuta GmbH Gutachten Schlossallee	625,00 S
18. 12.	18. 12.	Schulz, Miete 12/ 2014 und 1/ 2015	980,50 H
15. 12.	17. 12.	Stadtwerke 12/ 2015	201,00 S
20. 12.	20. 12.	Stadt Bochum Grundbesitzabgaben Schlossallee	237,65 S
30. 12.	30. 12.	Kontoführung	27,60 S
		Kontostand	909,25 S

Hans Glück

Mietkonto Schlossallee

5. Aufgabe (10,0 Punkte)

Ludger Listig aus Lübeck, geb. am 1.5.1949, lebt seit dem Jahr 2013 von seiner Ehefrau getrennt. Für 2014 macht Herr Listig folgende Angaben:

Bis Ende Juli 2014 war Ludger Listig als Lehrer in Lübeck tätig. Sein Monatsgehalt betrug 3 144 €. Von Januar bis Juli fuhr er an insgesamt 120 Tagen mit der Bahn von seiner Wohnung zur Schule nach Lübeck (einfache Entfernung 38 km; Kosten der Monatsfahrkarte 120 €). Da Ludger Listig keinen Schreibtisch in der Schule hatte, nutzte er bis Ende Juli ein häusliches Arbeitszimmer (anteilige Kosten bis Ende Juli: 650 €). Für Fachliteratur und Kontoführung sind 115 € angefallen.

Als Beamter im Ruhestand bezog Listig vom 1.8. bis zum 31.12. eine Pension von insgesamt 12 969 €.

Als Kommanditist der Windanlagen-Schleswig KG erhielt Listig in 2015 für 2014 einen Gewinnanteil von 5 120 €. Seit September 2014 führt Listig als freier Mitarbeiter regelmäßig Seminare für die KG durch. Dafür erhält er monatlich 900 €.

In Lübeck vermietet Ludger Listig eine Eigentumswohnung. Für 2014 hat er zutreffend einen Verlust von 12 525 € ermittelt.

AUFGABE:

Berechnen Sie den Gesamtbetrag der Einkünfte des Ludger Listig für den Veranlagungszeitraum 2014. Geben Sie dabei bitte die jeweiligen Berechnungen, die Einkunftsart sowie die gesetzliche Vorschrift für die jeweilige Einkunftsart an.

Klausur 7: Lösungen

I. Wirtschafts- und Sozialkunde (21,5 Punkte)

1. Aufgabe (5,5 Punkte)

a) Die Regelung ist unzulässig. **0,5 P**

Jugendliche unter 18 Jahren dürfen nicht länger als 8 bzw. 8,5 Stunden täglich beschäftigt werden (§ 8 Abs. 1 JArbSchG). **1,0 P**

b) Die Regelung ist zulässig. **0,5 P**

In Notfällen dürfen Jugendliche mit vorübergehenden und unaufschiebbaren Arbeiten beschäftigt werden, soweit Erwachsene nicht zur Verfügung stehen. **1,0 P**

Die Mehrarbeit muss innerhalb von 3 Wochen durch eine entsprechende Arbeitszeitverkürzung ausgeglichen werden (§ 21 JArbSchG). **1,0 P**

c) Die Regelung ist unzulässig. **0,5 P**

Der Arbeitgeber darf Jugendliche an Berufsschultagen nicht beschäftigen, wenn an diesen Tagen mehr als 5 Unterrichtsstunden von mindestens 45 Minuten erteilt werden (§ 9 Abs. 1 JArbSchG). **1,0 P**

2. Aufgabe (4,0 Punkte)

a) Die Druckerei ist mit der Lieferung in Verzug geraten. **0,5 P**

Die Leistung wurde nicht innerhalb der vereinbarten Frist bewirkt. **0,5 P**

Eine Mahnung ist nicht erforderlich, da für die Leistung eine Zeit nach dem Kalender bestimmt ist (§ 286 Abs. 1 und 2 BGB). **0,5 P**

Es liegt ein Verschulden der Druckerei vor. **0,5 P**

b)
1. Erfüllung des Vertrags (§ 376 HGB), **0,5 P**
2. Erfüllung des Vertrags und Schadenersatz (§ 280 Abs. 1 BGB), **0,5 P**
3. Rücktritt vom Vertrag (§ 376 HGB) und **0,5 P**
4. Schadenersatz wegen Nichterfüllung (§ 376 HGB). **0,5 P**

3. Aufgabe (3,0 Punkte)

a) Die Bürgschaftserklärung muss gegenüber der Bank abgegeben werden (§ 765 BGB). **0,5 P**

Die Bürgschaftserklärung muss schriftlich erfolgen (§ 766 BGB). **0,5 P**

b) Gewöhnliche Bürgschaft:

Der Bürge hat das Recht zur Einrede der Vorausklage (§ 771 BGB). Übt er dieses Recht aus, muss die Bank zunächst erfolglos die Zwangsvollstreckung gegen Frau Stadtmann betreiben. Erst dann kann der Bürge in Anspruch genommen werden. Der Bürge kann auch auf die Ausübung dieses Rechts verzichten und dann sofort in Anspruch genommen werden. **1,0 P**

Selbstschuldnerische Bürgschaft:

Der Bürge kann ohne den Versuch einer Zwangsvollstreckung sofort in Anspruch genommen werden, falls er auf die Einrede der Vorausklage verzichtet hat (§ 773 Abs. 1 Nr. 1 BGB). **1,0 P**

HINWEIS:

Falls ein Kaufmann sich verbürgt, ist eine Bürgschaft nach § 349 HGB grundsätzlich selbstschuldnerisch. Dabei ist darauf zu achten, dass die Bürgschaft für den Kaufmann ein Handelsgeschäft darstellt und er die Bürgschaft nicht als Privatperson eingeht.

4. Aufgabe (3,5 Punkte)

a) Offene Zession (§ 398 BGB). **0,5 P**

b) 1. Die Forderungen können bereits abgetreten sein. **1,0 P**

2. Der Kreditnehmer führt die Zahlungseingänge nicht ab. **1,0 P**

3. Die Kunden können im Falle der Verwertung der Forderungen gegenüber der Bank alle Einreden (z. B. Mängelrügen) geltend machen. **1,0 P**

5. Aufgabe (5,5 Punkte)

a) Zahnarzt:

Der Zahnarzt ist kein Kaufmann i. S. des HGB. **0,5 P**

Es liegt kein gewerbliches Unternehmen vor (Freiberufler). **0,5 P**

b) Schreibwaren-Einzelhandel:

Der Schreibwaren-Einzelhändler ist Kaufmann i. S. des HGB. **0,5 P**

Es handelt sich um ein gewerbliches Unternehmen. **0,5 P**

Die Eintragung ins Handelsregister ist erfolgt. **0,5 P**

c) Handelsvertreter:

Der Handelsvertreter ist kein Kaufmann i. S. des HGB. **0,5 P**

Es liegt zwar ein gewerbliches Unternehmen vor, aber es ist

kein kaufmännischer Geschäftsbetrieb erforderlich. **0,5 P**

Es ist keine Eintragung im Handelsregister erfolgt. **0,5 P**

d) Steuerberatungsgesellschaft mbH:

Die Steuerberatungsgesellschaft mbH ist Kaufmann i. S. des HGB (§ 6 Abs. 1 HGB i.V. mit § 13 Abs. 3 GmbHG). **0,5 P**

Es handelt sich um ein gewerbliches Unternehmen. **0,5 P**

Die Eintragung ins Handelsregister ist erfolgt. **0,5 P**

II. Rechnungswesen (37,0 Punkte)

1. Aufgabe (12,0 Punkte)

a)

Bilanz zum 31. 12.

Aktiva			Passiva
BGA	22 246	Kapital	107 425
Fuhrpark	47 516	Verbindl. aus LuL	109 416
Forderungen LuL	134 278	Umsatzsteuerschuld	3 222
Warenbestand	12 423		
Kasse	478		
Bank	3 122		
	220 063		220 063

5,0 P

GuV-Rechnung

Aufwendungen			Erträge
Wareneingang	145 456	Erlöse	458 887
Warenbestandsveränderung	./. 6 715		
Löhne und Gehälter	84 321		
Fahrzeugkosten	19 412		
Mietaufwendungen	9 000		
AfA	4 850		
sonst. Betriebsausgaben	13 557		
Gewinn	189 006		
	458 887		458 887

5,0 P

b)

Kapitalentwicklung:

Kapital 1. 1.	28 512 €	
+ Einlagen	2 200 €	
+ Gewinn	189 006 €	
	219 718 €	
./. Entnahmen	112 293 €	
Kapital 31. 12.	107 425 €	**2,0 P**

2. Aufgabe (9,0 Punkte)

	Soll	Betrag		Haben	Betrag
a)	Verbindl. aus LuL	22 412 €	an	Schuldwechsel	22 412 €
					1,0 P
b)	Verbindl. aus LuL	6 664,00 €	an	Bank	6 530,72 €
			an	erhaltene Skonti	112,00 €
			an	Vorsteuer	21,28 €
					2,0 P
c)	Bank	4 848,06 €			
	gewährte Skonti	126,00 €			
	Umsatzsteuer	23,94 €	an	Forderungen aus LuL	4 998,00 €
					2,0 P
d)	Schuldwechsel	12 000 €			
	Nebenkosten des Geldverkehrs	132 €	an	Bank	12 132 €
					1,5 P
e)	Bank	7 299,50 €			
	Diskontaufwand	150,00 €			
	Umsatzsteuer	28,50 €			
	Nebenkosten des Geldverkehrs	22,00 €	an	Besitzwechsel	7 500,00 €
					2,5 P

3. Aufgabe (4,0 Punkte)

	Geschäftsvorfall	Gewinn
a)	Die Bruttobuchung der Löhne für den Monat Mai erfolgt i. H. von 21 000 €. Es werden 13 250 € ausgezahlt. Der AG-Anteil zur Sozialversicherung beträgt 4 000 €.	./. 25 000 € **1,0 P**
b)	Eine private Entnahme von Baustoffen muss noch gebucht werden. Der Einkaufspreis (= Teilwert) betrug 800 € netto, der Verkaufspreis hätte 1 044 € einschl. USt betragen.	+ 800 € **1,0 P**
c)	Der Schornsteinfeger bestätigt die Barzahlung der Kehrgebühren für das Betriebsgrundstück i. H. von 26,66 € mit einer ordnungsgemäßen Quittung.	./. 22,40 € **1,0 P**
d)	Ein Kunde überweist zum Ausgleich einer bereits gebuchten Ausgangsrechnung über 13 000 € zzgl. 19 % USt 15 470 € auf das betriebliche Bankkonto.	0 € **1,0 P**

4. Aufgabe (4,0 Punkte)

a) AfA bis zur Entnahme:

	Soll	Betrag		Haben	Betrag
	Abschreibungen ($^5/_{12}$ von 3 600 €)	1 500 €	an	Fuhrpark	1 500 €
					1,0 P

b) Anlagenabgang:

Anlagenabgang	3 900 €	an	Fuhrpark	3 900 €
				1,0 P

c) Entnahme:

Privatentnahme	9 996 €	an	Entnahme	8 400 €
		an	Umsatzsteuer	1 596 €
				2,0 P

HINWEISE:

ESt: Bewertung der Entnahme gem. § 6 Abs. 1 Nr. 4 EStG: Teilwert (Schätzung anhand der Wiederbeschaffungskosten).

USt: Bemessungsgrundlage für die unentgeltliche Lieferung nach § 3 Abs. 1b Nr. 1 UStG: Einkaufspreis plus NK im Zeitpunkt des Umsatzes.

5. Aufgabe (8,0 Punkte)

a) Anschaffungskosten:

	Gabelstapler	Sackkarre
Nettokaufpreis	32 440,00 €	410,00 €
+ Anschaffungsnebenkosten	1 660,00 €	0 €
./. Skonto 3 %	1 023,00 €	12,30 €
= Anschaffungskosten	33 077,00 €	397,70 €
	1,5 P	**1,5 P**

b) Anschaffung der Wirtschaftsgüter/Rechnungseingang:

Transportmittel	34 100,00 €			
GWG	410,00 €			
Vorsteuer	6 556,90 €	an	sonstige Verbindl.	41 066,90 €
				1,5 P

c) Banküberweisung:

sonstige Verbindl.	41 066,90 €	an	Bank	39 834,89 €
		an	Transportmittel	1 023,00 €
		an	GWG	12,30 €
		an	Vorsteuer	196,71 €
				1,5 P

d) Abschreibungen:

Sofortabschreibung GWG	397,70 €	an	GWG	397,70 €
				1,0 P
AfA Anlagevermögen (linear $^{1}/_{8} \times {}^{11}/_{12} \times 33\,077$ €)	3791 €	an	Transportmittel	3791 €
				1,0 P

III. Steuerwesen (41,5 Punkte)

1. Aufgabe (3,0 Punkte)

Sachverhalt	Steuern	Steuerliche Neben-leistungen	Gebühren	Beiträge	Keine öffentlich-rechtliche Abgabe
1. Für die Vermessung des Grundstücks erhebt das Katasteramt der Gemeinde … **0,5 P**			X		
2. Für den Veranlagungszeitraum 2014 muss Ihre Mandantin einen Solidaritätszuschlag i. H. von 2 579 € entrichten. **0,5 P**	X				
3. Ihr Mandant hat sich – erfolglos – versucht gegen einen Bußgeldbescheid für „zu dichtes Auffahren" zu wehren. Das Honorar des Rechtsanwalts beträgt 585 €. **0,5 P**					X
4. Für die Einfuhr neuer Büromöbel entrichtet Ihr Mandant Zölle i. H. von 1 371 €. **0,5 P**	X				
5. Die Kommune erhebt von Grundstückseigentümern für die Wasserversorgung, Kanalisation, den Straßenbau usw. in einem Neubaugebiet Erschließungs … **0,5 P**				X	
6. Das Finanzamt setzt gegen einen Mandanten wegen Nichtabgabe der Steuererklärungen 2012 ein Zwangsgeld i. H. von 200 € fest. **0,5 P**		X			

2. Aufgabe (5,0 Punkte)

Sven Smöre hat weder einen Wohnsitz noch einen gewöhnlichen Aufenthalt in Deutschland (1,0 P), daher ist er mit seinen inländischen Einkünften beschränkt einkommensteuerpflichtig (1,0 P). **2,0 P**

Er kann gem. § 1 Abs. 3 EStG einen Antrag auf unbeschränkte Steuerpflicht stellen, denn

1. Sven Smöre erzielt inländische Einkünfte, **1,0 P**
2. die nicht der deutschen Einkommensteuer unterliegenden Einkünfte übersteigen nicht den Grundfreibetrag von 8 354 € und **1,0 P**
3. eine Bescheinigung der dänischen Finanzbehörde liegt vor. **1,0 P**

3. Aufgabe (8,0 Punkte)

Art des Umsatzes			Bemessungsgrundlage	Umsatzsteuer
a)	Sonstige Leistung* (§ 3 Abs. 9 UStG)	**1,0 P**	10 773,11 €	2 046,89 € **1,0 P**
b)	Lieferung (§ 3 Abs. 1 UStG)	**1,0 P**	336,45 €	23,55 € **1,0 P**
c)	Lieferung (§ 3 Abs. 1 UStG)	**1,0 P**	151,26 €	28,74 € **1,0 P**
d)	Sonstige Leistung (§ 3 Abs. 9a Nr. 2 UStG)	**1,0 P**	400 €	76 € **1,0 P**

* Grund: Charakter der Dienstleistung überwiegt.

4. Aufgabe (15,5 Punkte)

Ermittlung der Einkünfte des Hans Glück aus Vermietung und Verpachtung für das Jahr 2014:

Einnahmen			
Mieteinnahmen		5 471,00 €	**1,5 P**
Werbungskosten			
Gebäudeversicherung	140,00 €		**0,5 P**
Instandhaltungen (Wasserschaden)	495,00 €		**0,5 P**
laufende Betriebskosten (Stadtwerke)	605,00 €		**1,0 P**
Grundbesitzabgaben	237,65 €		**0,5 P**
Kosten Geldverkehr (Kontoführung)	27,60 €		**0,5 P**
Abschreibung			
AfA des Rechtsvorgängers wird fortgesetzt			**2,0 P**

Anschaffungskosten	500 000,00 €			
Anteil Grund und Boden	./. 120 000,00 €			1,5 P
(vgl. Gutachten $^{150}/_{625}$)				
Gebäudewert	380 000,00 €			
zzgl. nachträgliche Herstellungskosten (Balkone)	+ 7 000,00 €			2,5 P
Bemessungsgrundlage	387 000,00 €			
Abschreibung 2,5 % x $^{3}/_{12}$ =		2 418,75 €		1,0 P
Werbungskosten insgesamt			3 924,00 €	0,5 P
Einkünfte aus Vermietung und Verpachtung			1 547,00 €	0,5 P

ERGÄNZENDER HINWEIS:

Die Zahlung des Mieters Schulz (Miete 1/2015) ist dem Jahr 2014 zuzurechnen, da sie außerhalb eines „kurzen Zeitraums" (zehn Tage) um die Jahreswende gezahlt wird. Die Ausnahmeregelung des § 11 Abs. 1 Satz 2 EStG findet daher keine Anwendung.

Hinweis für die Punktevergabe:

Kein Ansatz der Kosten des Wertgutachtens:	**1,0 P**
Keine Berücksichtigung der Anzahlung Dachausbau:	**2,0 P**

5. Aufgabe (10,0 Punkte)

Ermittlung des Gesamtbetrags der Einkünfte des Ludger Listig für den Veranlagungszeitraum 2014:

► Einkünfte aus Gewerbebetrieb (Windanlagen-Schleswig KG)

Gewinnanteil	5 120 €		1,5 P
+ Tätigkeitsvergütung (900 € x 4 Monate =)	3 600 €		1,0 P
Einkünfte aus Gewerbebetrieb gem. § 15 Abs. 1 Nr. 2 EStG		8 720 €	0,5 P

► Einkünfte aus nichtselbständiger Arbeit, § 19 Abs. 1 Nr. 1 und 2 EStG

Einnahmen			
Arbeitslohn (3 144 € x 7 Monate =)	22 008 €		0,5 P
Werbungskosten			
Entfernungspauschale			
120 Tage x 38 km x 0,30 € =	./. 1 368 €		0,5 P
Fachliteratur/Kontoführung	./. 115 €		0,5 P
Kosten des häuslichen Arbeitszimmers	./. 650 €		1,0 P
verbleiben		19 875 €	
Versorgungsbezüge	12 969 €		0,5 P

./. Versorgungs-Freibetrag			
Pension mtl. 2 593,80 € x 12 x 25,6 % x $^5/_{12}$,			
höchstens 1 920 € x $^5/_{12}$	./. 800 €		**1,0 P**
./. Zuschlag zum Versorgungs-Freibetrag			
576 € x $^5/_{12}$ =	./. 240 €		**0,5 P**
./. Werbungskosten-Pauschbetrag	./. 102 €		
verbleiben		11 827 €	
Einkünfte aus nichtselbständiger Arbeit		31 702 €	
► Einkünfte aus Vermietung und Verpachtung			
gem. § 21 Abs. 1 Nr. 1 EStG		./. 12 525 €	**0,5 P**
Summe der Einkünfte		27 897 €	**0,5 P**
./. Altersentlastungsbetrag, § 24a EStG			
Arbeitslohn	22 008 €		
+ positive Summe übriger Einkünfte	0 €		
Bemessungsgrundlage	22 008 €		**1,0 P**
davon 25,6 % (= 5 634 €), höchstens		./. 1 216 €	**0,5 P**
Gesamtbetrag der Einkünfte für 2013		26 681 €	